Vous avez dit développement ?

Collection « Études africaines »

dirigée par Denis Pryen et son équipe

Forte de plus de mille titres publiés à ce jour, la collection « Études africaines » fait peau neuve. Elle présentera toujours les essais généraux qui ont fait son succès, mais se déclinera désormais également par séries thématiques : droit, économie, politique, sociologie, etc.

Dernières parutions

Francky BOLAMBULI BOSINGA, *Le devoir de l'Homme africain. Repenser la démocratie et la culture négro-africaine avec Phambu Ngoma-Binda*, 2024.

Albert JIOTSA (coord.), *Dynamique de la protection sociale de l'enfance au Cameroun et en Afrique*, 2024.

Ahmed Salem OULD MOHAMED BABA, *Introduction au dialecte ḥassāniyya de Mauritanie. Étude grammaticale et lexicale*, 2024.

Emmanuel NGWE, *La population du Cameroun, Du comptage des effectifs à l'analyse des phénomènes démographiques*, 2024.

Téphy-Lewis EDZODZOMO NKOUMOU, *L'office du juge constitutionnel en Afrique subsaharienne. Etude comparative à partir des exemples béninois, gabonais et malgache*, 2024.

Jeanne HEURTAULT, *L'exode de jeunes sénégalais vers l'Europe, Une ethnographie en Casamance*, 2024.

Sylvain SHOMBA KINYAMBA, *Critique de l'université congolaise par l'université. Reculade scientifique et marchandisation des patrimoines*, 2024.

Babou DIÈNE, Modou Fatah THIAM et Mamadou Hady BA (dir.), *La littérature africaine à l'épreuve des récits de filiation. L'autofiction et le récit transpersonnel*, 2024.

Mamane HALIDOU, *Un pouvoir traditionnel à l'épreuve de l'histoire au Niger (1849-2017). La Sarauta Samna Karhe de Tibiri dans le Dallol Mawri*, 2024.

Joseph Pascal MBAHA, Armand LEKA ESSOMBA, Paul TCHAWA (dir.) *Territoires, pluralisme identitaire et*

Cédric Ondaye-Ebauh

VOUS AVEZ DIT DÉVELOPPEMENT ?

nouvelle édition

L'Harmattan

5-7, rue de l'École-Polytechnique ; 75005 Paris

http://www.editions-harmattan.fr

ISBN : 978-2-336-45483-2

EAN : 9782336454832

Citation

« Le soleil se lève, le soleil se couche ; il soupire après le lieu d'où il se lève de nouveau.

Le vent se dirige vers le midi, tourne vers le nord ; puis il tourne encore, et reprend les mêmes circuits.

Tous les fleuves vont à la mer, et la mer n'est point remplie ; ils continuent à aller vers le lieu où ils se dirigent.

Toutes choses sont en travail au-delà de ce qu'on peut dire ; l'œil ne se rassasie pas de voir, et l'oreille ne se lasse pas d'entendre.

Ce qui a été, c'est ce qui sera, et ce qui s'est fait, c'est ce qui se fera, il n'y a rien de nouveau sous le soleil. »

A dit l'Ecclésiaste (cf. Eccl. 1, 5-9)

Remerciements

Et pourtant, il revient à l'être humain, qui cherche le développement et qui ne peut changer les saisons, diriger le vent ou le cours naturel des fleuves, et encore moins de prétendre remplir ou vider la mer, de ne pas renoncer, de ne pas se lasser du jeu de la nature qui préfigure la vérité de sa propre existence. Il doit travailler sans cesse, se surpasser, créer pour entrevoir et réaliser le progrès qui le mène vers son bonheur, si tant est qu'il le trouve vraiment.

Merci à tous ceux qui, à travers leurs conseils et leur sollicitude et surtout leurs critiques, donnent de l'épaisseur à ce que nous disons et faisons et que nous croyons modestement être de possibles murmures légers pour le bien commun.

J.C. Ondaye-Ebauh

Le développement est un concept vaste qui recouvre une réalité diverse. Il touche aussi bien les aspects matériels de la condition humaine dans ce que le monde peut offrir comme facilités que des éléments qui relèvent intrinsèquement du confort intérieur et du sentiment de bien-être de l'être humain. Phénomène complexe dont la définition exhaustive reste à trouver, il est mesurable dans sa partie visible mais conserve également des zones d'ombre difficiles à évaluer lorsqu'on aborde le bonheur réel des populations qui vivent sur un territoire donné. Le développement touche en effet à la fois à l'avancée scientifique qui dépasse sans cesse l'ignorance, à l'économie qui produit des biens et services qui alimentent le mode de vie, au sentiment de progrès qui se dégage de l'infrastructure des belles villes et de la grandeur de la culture. Cette culture commune pousse les hommes et les femmes vivant dans une société au partage des valeurs qui les élèvent et à la lecture subliminale des créations artistiques de leurs semblables. La compréhension de ce qu'est véritablement le développement doit tenir compte nécessairement du contexte c'est-à-dire aussi bien des époques vécues que de l'espace géographique considéré. On est heureux en effet dans son époque. C'est donc une immense tâche que de bâtir le développement d'un pays. Car on bâtit par petit bout, par le jeu de l'accumulation progressive, quand les attentes des populations, elles, par contre, portent sur tout, parce que le bien-être est difficilement dissociable. Parfois, au gré des valeurs qui traversent le temps et les pays du monde, les attentes des gens évoluent ou se transforment surtout quand les populations ont dépassé l'étape des besoins basiques et sont en quête du bonheur et de l'épanouissement individuel dans la défense des causes de leurs choix. Il arrive donc que l'amélioration des conditions de vie apportée par le développement économique et social du pays ne suffise pas. Il arrive aussi que le progrès crée ses propres frayeurs et pousse des milliers de personnes dans le monde à rechercher un mode de vie plus basique, une vie plus simple afin de ne pas s'éloigner de leur vrai bonheur.

Devant une complexité si grande, la tâche des bâtisseurs du développement est immense. En effet, ils doivent se battre pour surmonter les difficultés de tous ordres, notamment sur le plan stratégique et financier, et intégrer la variable permanente de l'environnement international, avec ses crises répétitives et ses divergences d'intérêts. La tâche relève d'autant plus des travaux d'Hercule qu'ils savent d'avance que la transformation effective des conditions de vie apportera, certes, le progrès économique et social, mais pas forcément le bonheur individuel. Donc, presque fatalement, les erreurs sont nombreuses et le tâtonnement inévitable. Aussi, le choix des instruments d'intervention est une donnée capitale pour pouvoir viser habilement le maximum d'efficacité, en reconnaissant à moindres frais, que toutes les théories, toutes les stratégies et toutes les idées ne se valent pas. C'est généralement a posteriori que l'on mesure l'efficacité des politiques de développement et leur impact réel sur les problématiques à résoudre et sur la vie des populations concernées. Les personnes qui sont le plus en attente du développement c'est-à-dire les populations ne sont pas elles-mêmes passives sur l'orientation des politiques publiques qui les concernent. Elles sont d'abord, par leurs choix personnels au sein du contrat social, dans des dynamiques individuelles tournées vers le développement économique et social, en recherchant l'éducation, en créant des entreprises, en prenant des décisions rationnelles sur leurs dépenses et en ayant le souci du bien commun et du bonheur d'autrui. Le développement d'un pays est donc aussi, et de manière déterminante, le fait de ses habitants. Bien que le niveau d'effort à fournir varie selon la responsabilité publique ou individuelle de chacun, le développement demeure une entreprise commune qui s'alimente des choix des uns et des autres. D'où la nécessité de labourer le champ collectif des politiques publiques avec des standards qui aident à la semaille. Ainsi, en cultivant l'inclusion financière, on réalise l'insertion sociale du plus grand nombre ; en luttant contre l'inflation, on préserve le pouvoir d'achat des plus vulnérables ; en luttant contre le blanchiment des capitaux, on oriente la société entière vers l'effort et le travail honnête et bien rémunéré. Ce sont là des ingrédients qui renforcent l'efficacité de la lutte contre la pauvreté. En raison de son rôle majeur dans l'orientation des efforts et de la marche de tous, l'élite est assurément en première ligne dans ces différentes batailles parce qu'elle a la mission de comprendre les enjeux, d'analyser les problématiques et de décider pour les autres. Elle est plus concernée en responsabilités que les autres couches sociales, mais la transformation des réflexes et des aptitudes, pour être durable, doit s'opérer à tous les niveaux. Pour un pays, le développement est un immense champ de possibilités nouvelles, lesquelles possibilités ne vont pas sans créer de nouvelles menaces tant les sujets de disputes et de controverses peuvent être nombreux, quand la prospérité ne coule pas encore à flots. Le développement est une conquête dont la réalisation dépend autant du rythme imprimé à la marche collective que de la cadence et de l'harmonie des pas individuels. Car, au fond, il n'y a pas de développement sans une idéologie tournée vers le développement. Comme il n'y a pas de développement sans les aventuriers et les pionniers du développement économique, qui dans bien des cas et parfois avant l'État, défrichent des terres hostiles à l'agriculture, ils font émerger des commerces et des industries qui prospèrent et donnent une valeur immense à leur art. Ils résument à eux seuls le secteur privé qui donne à l'économie sa véritable épaisseur. Les talents personnels, les parcours individuels si patents et enviables soient-ils, doivent aussi composer avec une philosophie globale tournée vers l'effort et la poursuite, ô combien difficiles, de l'excellence pour tous. Il va du développement des pays comme des réalisations personnelles dans la vie de tous les jours : ceux qui ont leurs idées claires ou confuses sur les objectifs à atteindre ont plus de chance de réussir ou d'échouer en comprenant les faiblesses à corriger. En cela, l'éducation éclaire l'esprit des Hommes et les aide à se construire sur des valeurs et sur des compétences à acquérir. Elle conduit une société humaine à saisir l'abstraction qui lui permet ensuite d'organiser les séquences pratiques ou les actions pour son développement, notamment en économie et sur le plan géopolitique à mesure que les technologies évoluent et l'environnement international se transforme en termes de pôles de décision, de diffusion de valeurs ou simplement de regroupements par grands blocs pour gagner en puissance par la mutualisation des forces. Il faut donc demeurer lucide et faire des choix ou ne pas en faire pourvu que cela permette une convergence gagnante sur le plan des objectifs de développement. Les choix en ces domaines peuvent structurer le développement économique et social. Ils doivent donc être suffisamment pertinents pour que, mis ensemble, ils permettent de faire gagner l'économie et le pays. En matière de développement économique et social, il se pose le problème de référentiel car toutes les doctrines ne sont pas écrites et toutes les solutions n'ont pas encore été trouvées simplement parce qu'il y a une histoire et une trajectoire particulières à chaque pays. Cela implique de trouver un modèle particulier qui peut provenir des théories communes ou des expériences réussies ailleurs ou tout simplement jaillir de l'expérience et de l'habileté propres du pays. Dès lors, les théories, les écoles de pensée, les modèles de développement renseignent et éclairent les choix mais peuvent ne pas garder toute leur valeur lorsqu'il s'agit de les transposer. Le développement c'est fondamentalement la transformation d'une réalité particulière de « sous-développement » qui renferme ses propres ressorts. En ce qui concerne le développement dans nombre de pays faibles notamment en Afrique, la tâche est apparue pendant longtemps plus ardue en raison principalement de l'absorption systématique des théories existantes expérimentées de manière plus ou moins exhaustive. Le caractère plutôt mitigé des résultats en certains domaines cruciaux du développement, notamment concernant la puissance de l'industrie, la diversification du tissu productif ou encore la disponibilité de l'emploi, donnent à penser que les modèles appropriés, en termes de stratégies de développement, n'ont pas encore été établis. Il convient donc de poursuivre les recherches et la réflexion, en s'inspirant des temps forts et des moments de faiblesse tant dans d'autres pays que chez soi, en prenant appui sur l'histoire et surtout en analysant mieux les ressorts des facteurs domestiques. La réussite aujourd'hui éclatante de plusieurs pays dans le monde, les changements observés dans la hiérarchie économique des nations du monde à l'échelle de l'histoire ainsi que les recompositions qui s'opèrent sous nos yeux, démontrent que chaque pays, seul ou dans un regroupement, possède en définitive sa solution. Cela nous enseigne aussi simplement que sur la route du développement, il faut trouver avant tout les idées, bonnes ou mauvaises soient-elles, car se tromper dans les choix et dans les politiques est parfois nécessaire pour bien apprendre. Avant les institutions à bâtir, ce sont les idées qui rapprochent des solutions spécifiques à chaque contexte et gouvernent la théorie qui encadre les actions conduisant au développement économique et social et peut-être vers la quête du bonheur dont la pensée peine à générer les préceptes définitifs.

CHAPITRE I.

Le développement économique et social, en résonance avec ce qui se passe dans le monde et les expériences des autres pays

1 Le développement économique et social à l'échelle du monde

De l'Antiquité à la période moderne, le monde a connu d'innombrables changements. Les conquêtes militaires ou à visée économique, les migrations de populations, les inventions humaines, l'organisation politique et sociale des sociétés, les alliances à l'intérieur de chaque territoire comme à l'extérieur, ont contribué à configurer et même à reconfigurer tant d'espaces qui se définissent aujourd'hui comme des pays parfaitement intégrés et souverains. Défiant l'espace et luttant parfois contre le temps, l'Homme ne s'est vraiment jamais satisfait de lui-même et de ses conditions de vie. Il a toujours cherché à avancer. Le développement économique est le projet collectif qui met les sociétés humaines en mouvement vers le futur de leur rêve. Pour parler des territoires où la détermination humaine a poussé au dépassement afin de générer des systèmes politiques et économiques qui se projettent sans cesse vers l'avenir ou même vers l'extérieur, on peut citer l'exemple de l'Europe. En effet, avant la tempérance récente introduite par l'émergence d'une conscience collective sur la protection du climat durement affecté par les activités productives humaines, la pression pour le développement économique et social constituait la matrice indépassable de l'action politique. Aussi, l'Europe a-t-elle connu une révolution industrielle qui lui permit de changer de dimension à travers l'ampleur gigantesque de ses activités économiques. Après l'activité artisanale et la production manuelle ou semi-mécanisée plutôt limitée, elle a basculé dans la production massive et croissante des biens et services, avec un impact visible sur l'amélioration des conditions de vie. Cette situation a offert au reste du monde un modèle de développement qui a fini par s'imposer quasiment comme le modèle exclusif de développement, par le jeu de l'attraction intellectuelle et politique dans le monde. Les conditions qui ont conduit à l'émergence économique de l'Europe sont progressives et de plusieurs ordres, ce qui témoigne de la complexité de ce phénomène et de la difficulté à le théoriser de manière efficace et ex ante. Mais, puisque la recherche, notamment en économie et en histoire, permet de reconstituer avec une certaine cohérence ces processus, le progrès économique et social dispose désormais de concepts et de théories susceptibles d'être enseignés. Bien que cela puisse paraître intéressant d'étudier attentivement les enseignements sur les étapes de développement suivis par les pays industrialisés, l'exercice pratique de mise en œuvre peut s'avérer hasardeux sur le plan de la similitude des résultats, en raison de la particularité des conditions domestiques de chaque pays. Cependant, on peut néanmoins relever ce qui semble une évidence historique. L'émergence économique ou plutôt la révolution industrielle dans les pays où elle a eu lieu et particulièrement en Europe, ne fut pas un phénomène spontané. Il est même possible d'affirmer qu'elle résulte d'un alignement favorable des différents facteurs permissifs. Elle avait certes ses révolutionnaires, ses précurseurs, ses volontaires acharnés et même ses « illuminés » tapis dans les lieux de connaissance, dans les laboratoires et autres ateliers de recherche mais, encore une fois, elle ne fut pas spontanée. Elle ne surgit pas de nulle part. Sans être nécessairement conçue d'avance et formalisée en tant que telle, elle semblait résulter d'un mouvement d'ensemble. De ce que l'on en sait, le frémissement sectoriel était perceptible à plusieurs niveaux. Et, globalement, dans les pays concernés, la société elle-même, par la luminosité des idées qui la traversaient, semblait se préparer à ce bond économique et social. Ceci nous permet de comprendre que, dans les ruptures économiques qui modifient en profondeur les capacités de production, c'est aussi le basculement intellectuel du plus grand nombre ou ceux qui fabriquent les idées et les connaissances à fort impact vers les notions de progrès susceptibles de favoriser l'émergence qui fait la différence. Les résultats les plus significatifs viennent ainsi de l'orientation collective de l'effort et de la valeur des idées qui traversent la société pour produire le travail de transformation. Ainsi, dans la vie des sociétés, ce sont les valeurs portées par le plus grand nombre qui l'emportent à un moment ou à un autre. Et ces mêmes valeurs produisent ou ne produisent pas les comportements qui balisent le terrain à la révolution industrielle.

Après ce moment majeur qu'est la révolution industrielle dans la vie économique des sociétés européennes, le progrès technique et social est allé crescendo. Les innovations permises par la révolution industrielle ont progressivement inondé toutes les sphères de la société, transformant en profondeur et sur une longue durée les structures de production, les modes d'organisation dans l'entreprise et bientôt dans la société. Bien évidemment, la naissance de l'industrie a donné des solutions pour l'emploi de masse, ce qui a ouvert de grandes perspectives pour le relèvement du niveau de vie et, partant, pour le bien-être social. L'autre conséquence de cette révolution est l'idée désormais acquise que le bonheur de la vie se trouverait en grande partie dans le développement économique c'est-à-dire de manière concrète dans le travail rémunéré et dans les revenus qui servent de passeport pour la vie sociale. Il va de soi que l'économie étant devenue le nouveau culte de la vie sociale, les détenteurs du capital économique sont les nouveaux vrais chefs, avec un pouvoir considérable sur la vie des autres. Aujourd'hui, l'accumulation du capital matériel et financier aidant, les nations pionnières de la révolution industrielle, devenues les pays industrialisés, se sont installées dans une course, pour leur bonheur collectif mais aussi pour leur doute sans fin sur le bonheur individuel, en dépit du progrès matériel inévitablement continu.

Pendant ce temps, ailleurs, et notamment en Afrique subsaharienne, on rêve aussi légitimement de révolution industrielle. L'expérience européenne en la matière, tant dans les sauts qualitatifs de la production de masse que dans les récriminations qui émergent de ceux qui se découvrent de nouvelles vulnérabilités, a donné paradoxalement une posture favorable pour aborder la question du développement économique en Afrique, tant les enseignements sont nombreux. La réduction de l'espace grâce à l'apparition de moyens de transport de plus en plus rapides, les échanges économiques, le brassage des connaissances et des personnes qui les véhiculent, donnent un sentiment particulier : l'Europe est si proche et sa révolution industrielle est à la portée de tous. C'est comme s'il suffisait d'entreprendre pour réussir ; de formuler avec une conviction inattaquable la politique économique de son choix pour réussir, pourvu qu'elle s'inspire et suive les canaux pour ne pas dire les étapes de l'émergence européenne. La formation massive des étudiants venus des pays en développement n'a-t-elle pas rendu disponibles les savoirs dont on aurait besoin pour comprendre le processus ? La coopération internationale se voulant plus inclusive et les institutions financières internationales créées au milieu du XXe siècle y aidant par la disponibilisation des programmes et des financements, le développement économique et social s'est théoriquement rapproché de l'Afrique. Avec le sentiment que l'alignement conceptuel du triptyque acteurs-programmes-financements crée objectivement les facteurs de succès du développement. Même quand il a fallu tenter le raccourci de la post-industrie en misant massivement sur le secteur des services c'est-à-dire en faisant un développement sans industries lourdes avec leur pollution et autres effets indésirables, les espoirs suscités sur le papier n'ont pas véritablement été comblés. Aujourd'hui, le retour d'expérience de terrain conforte l'idée évidente que l'industrialisation massive de l'économie, à l'instar de l'expérience européenne des derniers siècles, demeure incontournable. L'industrie structure l'économie et de par le pôle d'attraction qu'elle représente dans la société, l'économie structure de plus en plus la société humaine et particulièrement lorsque celle-ci a connu la révolution industrielle. Mais, la post-industrie n'est pas l'absence d'industrie. En effet, dans les pays qui n'ont pas connu l'industrialisation massive et pérenne de leurs économies, les infrastructures sociales, les forces vives et les valeurs culturelles et les aspirations sociales sont très différentes de celles des pays qui ont expérimenté et intériorisé ce passage structurant. Au XXIe siècle, le phénomène de globalisation a vraisemblablement créé des raccourcis culturels vers des éléments d'une culture universelle qui donne le sentiment inédit de comprendre les problématiques de la même manière. Cependant, dans chaque territoire, le rapport au travail, à la productivité et la pratique économique concrète qui génère le développement sont souvent très différents. D'où la diversité des situations en matière de niveau de développement à travers le monde.

Les industries ont non seulement accéléré les capacités à créer de la richesse mais aussi fait évoluer considérablement le mode de vie et l'organisation des sociétés. Dans les pays en développement, nous n'en sommes pas encore là. Nous sommes donc différents, non pas par les évidences qui tiennent à la couleur de notre peau ou à toute autre considération de ce genre, mais nous sommes en réalité différents parce que les sociétés n'ont pas été fécondées de la même manière par la puissance industrielle. La tendance à l'uniformisation des modes de pensée n'occulte pas la réalité sur la profondeur des différences de développement. Dans un pays industrialisé et dans un pays en développement, on ne vit pas encore dans la même société, même si les espaces de convergence sont de plus en plus nombreux. Bien plus, dans la tendance du monde à être un tout cohérent traversé par des valeurs universelles, il y a dans chaque partie du monde des personnes qui se sentent une identité universelle.

Si le développement économique renferme bien un projet de société, il y a des personnes qui sont manifestement en avance, bien que vivant dans les pays en développement. Les retombées du développement économique et social sont clairement perçues dans les esprits, mais le chemin économique ou le modèle de croissance pour y arriver semblent laborieux. Bien sûr, l'industrialisation n'est pas à la base de toutes les grandes civilisations que le monde a connues. En effet, certaines civilisations ont rayonné dans leur aire géographique et plus loin encore, avec, certes, des machines rudimentaires mais en acquérant une maitrise élevée des arts et une organisation sociale particulièrement ingénieuse. Cependant, le fait est que l'industrie a créé un nombre si considérable de biens indispensables à la vie sociale moderne c'est-à-dire de notre temps quel que soit le pays où l'on se trouve dans le monde, qu'elle s'est elle-même rendue finalement indispensable. D'où les projets de décroissance, d'économie circulaire, de réduction du temps et de partage du travail, de réinvention des modèles portés par ceux qui se sentent presque étouffés par trop de développement ou par l'excès d'accumulation de biens. L'industrialisation présente l'avantage d'offrir une trajectoire prévisible au développement. Elle représente le modèle de développement le plus attractif, en dépit de ses incohérences internes sur le plan du partage de la richesse créée ou de l'intensité excessive de l'activité de production sur la nature. Mais, pour un pays en développement c'est-à-dire un pays qui veut se développer, et qui observe les inquiétudes grandissantes suscitées par l'industrialisation, il se pose un léger dilemme. En effet, pour chaque pays en quête de mieux-être pour ses populations, il semble à tort ou à raison qu'il serait plus facile de vouloir principalement l'industrialisation quitte ensuite à chercher à corriger ses effets néfastes. Car le coût du renoncement à l'industrialisation est perçu comme trop lourd pour l'emploi, la stabilité et le progrès social. Sur ce point précis, les engagements universels sur la préservation de l'environnement constituent autant de contraintes supplémentaires qui pèsent sur le projet de développement. Car il faut aussi préserver l'insertion dans l'économie mondiale où sont les principaux marchés d'exportation et d'où viennent en partie les ressources financières qui sont investies dans le développement économique et social.

La recherche des convergences sur les enjeux universels est toujours une démarche difficile. À plus forte raison lorsqu'il s'agit de limiter, de manière volontaire, le rythme de l'industrialisation de son pays et donc la capacité à créer plus rapidement de la richesse pour le plus grand nombre, c'est un choix pénible susceptible de rendre factices certains accords internationaux. En fait, les mots qui remplissent les conventions sur ces sujets-là sont parfaitement clairs sur le papier mais ils n'entrainent certainement pas la même compréhension. Ils n'ont possiblement pas le même sens. C'est une question d'impact de la réalité sur les esprits et du coût des nouvelles contraintes sur la vie des gens et sur la résilience politique des décideurs. Cette situation peut aussi s'expliquer par la différence de niveau de transformation sociale permise par l'industrialisation effective de l'économie et donc des sociétés humaines. En fonction de la position des pays sur la pyramide des besoins, on s'épanouit dans la satisfaction des besoins supérieurs c'est-à-dire dans l'abstraction, plus que dans les questions d'ordre matériel. Et, ralentir l'économie ou simplement la réorienter afin de préserver le patrimoine de l'humanité, nécessite plus qu'une vocation, notamment lorsqu'on n'a plus ni faim ni soif, dans un environnement personnel plus douillet.

2. Les quelques acceptions possibles du développement

La problématique du développement apparaît au cœur des préoccupations des sociétés humaines modernes. L'observation du monde permet de constater que tous les pays ne sont pas au même stade de développement. On distingue généralement les pays développés ou riches (en industries, en capitaux et en production culturelle notamment marchande) et les pays en voie de développement (PVD) plutôt pauvres en apparence c'est-à-dire sur le plan du niveau de vie des populations, malgré l'existence parfois de potentialités naturelles immenses.

De nos jours, le discours à la mode retient désormais la notion de « pays en développement » pour désigner les pays pauvres, suivant les critères économiques actuels de mesure de la richesse des nations. Plus récemment encore, une nouvelle catégorie est apparue, c'est celle des pays émergents. Vocable plutôt positif et plus gratifiant sur le plan de l'effort vers l'avant, il permet au monde et peut-être aussi aux pays développés de mieux identifier les nouveaux venus dans la sphère réelle du développement économique et social. L'émergence apparaît comme un train pratiquement en fin de voyage qui s'apprête à rentrer en gare. Elle signifie probablement plus qu'être simplement en voie c'est-à-dire sur la route du développement. Les pays émergents semblent avoir établi avec succès les fondamentaux de l'industrialisation, suivant le modèle véhiculé par les pays industrialisés. Cependant, au regard du positionnement des pays émergents sur la scène internationale, particulièrement avec l'apparition de l'association des BRICS, il peut sembler légitime d'affirmer que les pays émergents recherchent non seulement le développement économique mais aussi vraisemblablement une possible autre voie vers le progrès social et l'affirmation politique.

Mais, au-delà des concepts, le développement correspond à une réalité palpable qui se confond aussi avec le niveau infrastructurel du pays et, pour la plupart du commun des mortels, avec le bien-être permanent tiré des fruits de la croissance. Bien que le développement soit un objectif permanent de tous les pays organisés, il ne s'appréhende pas toujours de la même manière selon qu'il s'agisse d'un pays développé ou qu'il s'agisse d'un pays en voie de développement. Dans un pays déjà développé, il s'agit fondamentalement de conserver durablement, pour ne pas dire pour toujours, certains acquis (qualité de l'éducation, niveau des soins médicaux, prestations sociales, salaires, loisirs, etc.) alors que dans un pays en développement, il s'agit bien souvent d'évoluer vers une situation économique qui rende possible l'accès à ces différents avantages.

On en revient à la diffusion des bienfaits de la révolution industrielle dans la société. Il y a en effet à travers le monde, d'une part, les pays développés qui ont effectivement vécu un essor technologique et industriel avec la diffusion effective de toutes ses retombées positives dans la société et, d'autre part, les pays en voie de développement dont les moins avancés doivent faire face parfois à des problématiques qui relèvent de la survie quotidienne. Et, il serait insuffisant de justifier ces écarts uniquement par l'échec des politiques mises en œuvre. Il y a aussi peut-être à prendre en compte les parcours historiques choisis ou subis par des États et l'impact des politiques unilatérales à l'échelle mondiale. Entre ces deux catégories, il y a heureusement la lueur d'espoir de l'émergence qui confirme que ce fossé n'est pas définitif. Chaque pays fait face à des contraintes liées à son potentiel naturel, à sa géographie, à son histoire ou à ses choix de politiques économiques plus ou moins éclairés. Par conséquent, il doit également faire la démonstration de son ingéniosité pour réussir son développement. C'est pourquoi de manière objective, les pays industrialisés et les pays émergents apparaissent plus attractifs sur la scène internationale tout en inspirant le respect des autres. Ainsi, le développement peut être tardif, mais il est en principe dans l'ordre des choses qu'il se produise car il porte le progrès social dans les esprits même s'il ne se manifeste concrètement.

Quel que soit l'angle de définition, il y a dans le concept de développement une dimension matérielle indéniable qui, par le confort qu'il apporte, irradie naturellement les mentalités et les comportements. Mais, il apparaît également vrai que le développement est aussi une attention portée à la puissance de celui-ci sur la scène politique internationale. On développe le pays pour le progrès social des populations, certes, mais on le fait aussi pour la grandeur que cela procure au pays et à la réputation des mêmes populations. La course au développement économique est donc aussi une guerre silencieuse pour le positionnement au plan international. Chaque pays ou groupe de pays cherche une place à la table à défaut d'être au centre du repas. Dans la mesure où le développement économique va généralement de pair avec le développement de la puissance militaire, il permet plus facilement de s'assurer une place ou du moins d'être audible sur les sujets majeurs. À titre d'exemple, le changement de leadership au niveau mondial (notamment entre l'Europe et les USA et bientôt la Chine) indique que le recul au plan économique peut affecter sa position d'influence dans le monde. C'est pourquoi la stratégie de solidarité n'est jamais de trop. De ce point de vue, le mouvement d'intégration européenne, outre son aspect politique que l'on devine probablement fédéral, a eu surtout pour conséquence, à travers l'institution de standards économiques, de tirer plusieurs pays du Sud vers le haut (Portugal, Espagne, Italie, Grèce, etc.).

3. Le développement économique et ses notions connexes

En ce qui concerne la construction du discours sur le développement, dans les relations internationales, d'autres concepts apparaissent de plus en plus nécessaires afin d'obtenir une cohérence d'ensemble. Ainsi, en théorie, le développement apparaît aujourd'hui indissociable de deux autres notions que sont le libéralisme économique et la démocratie. S'agissant du libéralisme économique, il est plutôt question de faire le constat que cette vision de l'économie s'est totalement imposée au cours des dernières décennies à l'échelle de la planète. Elle en est à présent la matrice du développement économique, dans les idées qui font autorité. Son emprise sur les esprits repose à la fois sur l'histoire des pays développés, qui ont globalement mis en avant le principe de liberté économique, l'importance de la concurrence et du marché, et sur l'impact du processus actuel de globalisation en matière de création de richesses. En effet, la globalisation des économies a tendance à ouvrir de nouveaux marchés et à délocaliser les sites de production dans les pays industrialisés vers les pays en développement à bas coûts. Cette approche a permis dans certains cas le transfert de technologie et l'amélioration significative des capacités de production, parfois au détriment des pays industrialisés. Dans les faits, le libéralisme économique a suffisamment imprégné les esprits à travers le monde pour être perçu comme l'approche la plus dynamique du développement. Compte tenu de leur rôle dans les relations financières internationales, le Fonds monétaire international et la Banque mondiale, du fait même de la nature des programmes économiques formulés à l'endroit des pays en difficulté, ont nettement validé cette vision de l'économie.

La seconde notion qui apparaît indissociable du développement, dans l'approche internationale des problématiques de développement, est la notion de démocratie. Elle peut être à la fois une condition ou au contraire une conséquence du développement économique et social, en fonction des différentes théories en ce domaine.

Sans revendiquer une quelconque autorité en la matière, je pense modestement que l'intériorisation des principes et usages de la démocratie paraît être la conséquence de l'éducation qui, elle-même, résulte de l'impact du développement sur la diffusion des savoirs. Donc le niveau de développement atteint par un pays peut dans une certaine mesure déterminer la solidité de la culture démocratique de la population, sans vouloir ériger une règle absolue sur le séquencement des choses. En effet, il me semble que l'état de sous-développement produise des biais relativement lourds pour l'exercice libre et éclairé du choix individuel. Il peut même conduire à des réponses qui relèveraient de l'extrémisme contre ou pour les propositions politiques. Il est aussi plutôt exceptionnel, à l'échelle de l'histoire, de trouver des exemples d'anciens pays pauvres où la démocratie a effectivement précédé le développement et le progrès social. L'enracinement de la démocratie se déroule généralement sur le temps long, avec des conquêtes progressives de droits. Ces droits deviennent des acquis qui servent de base à de nouvelles revendications qui, si elles sont satisfaites, engendrent d'autres acquis. L'implémentation de la culture démocratique se fait ainsi sur le terreau des avancées sociales qui, elles-mêmes, s'appuient sur le développement économique.

C'est aussi une posture que de faire fi du développement économique et de la transformation sociale qu'elle opère inévitablement pour s'engager sur la voie du formalisme démocratique des échéances, du respect du suffrage universel, du populisme et des slogans absolutistes, en composant avec la part de chaos qui traduit souvent un mal-être social bien plus qu'une bataille sur les principes démocratiques. Même si, au plan intellectuel, on est tenté de lier le développement à la démocratie, la réalité sociale des pays non encore industrialisés constitue une variable dont l'impact sur la démocratie peut s'avérer aléatoire.

Dans le développement économique, le concept le plus intéressant est probablement ce sur quoi il débouche à savoir le progrès social. En effet, si le développement est un concept abstrait, ses effets bénéfiques sont immédiatement perceptibles par les populations. Le progrès social induit par le développement de l'économie et des infrastructures sociales sur les populations apporte plusieurs changements concrets : les individus prennent de bien meilleurs repas qu'avant ; ils vivent dans des maisons mieux construites et décentes avec les commodités de confort ; ils se soignent par eux-mêmes ou avec l'aide des systèmes sociaux de prise en charge performants. Par conséquent, ils développent des nouveaux systèmes de valeurs. Ils pensent différemment. Ils se voient autrement et donc voient la société et les autres autrement. Simplement, le développement économique a changé leur statut. Ils ne cherchent aucune assimilation ou ressemblance avec les gens des pays riches. Ils le sont eux-mêmes ou du moins ils croient qu'ils le sont. Leur état d'esprit évolue à la manière des petits enfants dont l'accent épouse naturellement le milieu de vie car, bien souvent, le modèle de l'homme c'est l'homme lui-même.

Tout ceci pour dire qu'aucun pays en développement ne prendra de raccourci. On peut toujours inviter tous les pays à la table des valeurs universelles, par altruisme ou par pur calcul. Mais, ils n'y seront pas tous totalement à l'aise, du moins tant que leurs conditions matérielles n'auront pas évolué de manière significative. Les contraintes quotidiennes liées au déficit de développement seront toujours plus fortes que les engagements et les valeurs universelles. Il faut d'abord permettre à chacun de s'ajuster, de se chercher, de travailler, de se contraindre à l'effort qui conduit au développement. La proportionnalité des engagements universels évitera certainement la récitation des mots creux et des valeurs non encore vraiment intériorisées. La scène mondiale a sa part de comédie et les pays, grands ou petits, en jouent, c'est normal. Mais, lorsqu'il s'agit de produire des règles qui ont vocation à s'appliquer, les délais, les adaptations et la proportionnalité ne sont pas de trop afin de ne pas instituer une universalité impossible. Pour en revenir au lien entre démocratie et développement, on peut constater de manière factuelle que le contexte économique et social constitue une donnée importante. Il est, par exemple, difficile de considérer que là où les personnes ont encore faim et sont insuffisamment éduquées pour décrypter les discours et les programmes politiques, il sera difficile de parler de « choix éclairé et libre pour porter au pouvoir, par une "élection démocratique, libre et transparente" un parfait démocrate épris de bonté et de sagesse et particulièrement soucieux de l'intérêt général ». Les exceptions existent.

Cependant, quel que soit l'ordonnancement, la démocratie et le développement se fécondent mutuellement. Il appartient à chaque pays de construire les équilibres techniques, juridiques et économiques nécessaires à cet attelage. La liberté des droits est sans doute la même qui conduit à la liberté d'entreprendre et qui donne un élan au développement. L'émergence des idées avant celle des hommes ; l'émergence des pratiques avant celle des déclamations ; et l'émergence de l'économie et des valeurs avant celle plus imaginaire de la perfection démocratique.

En France, par exemple, au cours des siècles derniers, les aristocrates, les bourgeois et d'autres ont engendré l'entrepreneuriat des familles, la mise en valeur des possessions foncières et plus tard le capitanat d'industrie. Puis, le travail offert aux salariés a créé un véritable monde du travail, avec les propriétaires et les employés. Les usages, les humeurs et la conscience collective des conditions de travail ont engendré à leur tour, dans le monde du travail, les revendications d'abord salariales puis sociales. Les manufactures ont servi de laboratoires de la démocratie de proximité. La naissance des mouvements politiques de gauche articulés sur l'amélioration des relations au travail a convergé dans le même sens pour ne pas dire a insufflé aux ouvriers l'énergie qui galvanise. En effet, le travail à la chaine dans les usines, les ressentis sur le labeur, la peur liée à l'absence de garanties formelles sur le travail ont créé des solidarités naturelles et une conscience profonde sur l'état du rapport de force économique. D'où l'imprégnation des luttes sociales, des idées de gauche et même le rêve « du grand soir » pour des cœurs gonflés à bloc pour changer la vie ou simplement améliorer sa vie. Autrement dit, la gauche politique et même la droite se sont nourries de cette revendication. En même temps, cette solidarité politique et démocratique a permis de la canaliser en lui apportant, de manière graduée, des réponses politiques avec une traduction directe dans la vie sociale et économique. De la manufacture à l'animation démocratique du pays, l'économie a permis de trouver des passerelles vers le progrès social, vers la démocratie. Sans le rapport économique, et la nature ayant horreur du vide, cet espace aurait été comblé par des revendications de toute nature, difficiles, avec des possibles débordements, comme on le voit généralement au sud du Sahara.

Le développement spectaculaire des transports, des télécommunications, d'Internet donne le sentiment de l'existence d'une véritable communauté de destin à l'échelle du monde entier. Ce nouvel espace créé par la technologie que d'aucuns ont appelé « village planétaire » demeure aussi largement virtuel pour une grande partie de gens. Les problèmes réels des uns, en lien avec le sous-développement économique qui raréfie l'emploi, sont bien différents de ceux des autres. En effet, le développement économique créant son propre progrès social là où il se produit, les mentalités ont tendance à se cristalliser sur ce qu'elles trouvent, notamment dans les choses du quotidien. La super connexion émotionnelle par la toile engendrée par Internet n'empêche pas chacun de vivre ses propres problèmes. À un endroit de la planète, quelqu'un cherche son pain quotidien et se bat pour trouver un emploi improbable, à un autre endroit, quelqu'un d'autre manifeste pour avoir le droit de vivre sans les contraintes pesantes du confort matériel, pour être plus libre. D'autres encore luttent de toutes les forces de leur corps et de leur intelligence pour des causes qui leur ont été inspirées par les émissions télévisées.

Cette observation nous ramène à l'idée de prudence dans la formulation des combats décrétés comme universels. Le point d'ancrage qui est le développement économique n'étant pas le même, l'engagement dans le combat sera naturellement différent. Tout le monde veut croire aux grands enjeux de notre temps (protocole de Kyoto, APE, prolifération nucléaire, etc.) mais il y a encore, à l'échelle du monde, beaucoup trop de préoccupations immédiates et donc de survies non traitées. L'engagement inévitable des petits pays dans la défense des causes mondiales qui peuvent avoir de vraies conséquences néfastes à terme sur tout le monde constitue un sérieux sujet de préoccupation. La mobilisation internationale autour de certaines causes planétaires est une démarche louable qui ouvre la voie à une autre vision du monde et donc du développement. Mais, l'ingéniosité intellectuelle des penseurs du nouveau modèle devrait aussi permettre de disposer d'instruments concrets de politiques, de financements et de passerelles disponibles vers la conversion attendue.

Le développement est aussi une affaire de comportement. L'une des grandes différences entre les sociétés industrialisées et celles qui ne le sont pas encore réside aussi dans la manière de percevoir l'urgence. Les pays avancés, déjà développés, se développent encore sans relâche parce que le développement économique n'est jamais acquis. L'avenir excite autant qu'il fait peur. La mémoire des périodes de grande dépression passées n'a jamais disparu. Elle est enseignée à l'école, comme le sont toutes les erreurs commises dans les politiques publiques, dans la gestion des entreprises et même en ce qui concerne les doctrines et les pensées du passé et du présent dans tous les domaines répertoriés comme importants pour le développement. Dans ce même élan, des thèmes de recherche sont proposés ou suggérés aux chercheurs, certaines bourses d'études sont données aux meilleurs étudiants, qu'ils soient nationaux ou étrangers, afin qu'en retour, ils donnent le meilleur d'eux-mêmes et trouvent des idées et des aptitudes dont le pays a besoin. Car il est indispensable de maintenir le niveau de développement et même de le relever, le niveau de vie des habitants et la puissance du pays en dépendent. Cette anxiété positive les fait réfléchir abondamment, souvent rigoureusement pour tout planifier. Ainsi, au fondement de leur succès, il y a une capacité d'organisation exceptionnelle : beaucoup de contraintes, de règles qui sont autant de compromis pour un avenir meilleur. C'est le contrat social de Jean-Jacques Rousseau, la froideur administrative de Max Webber et, bien entendu, bien d'autres écrits ou comportements et décisions politiques allant toujours dans le sens d'une plus grande exigence qui donne à l'homme les moyens d'aller vers le développement économique et le progrès.

Cette vision a conduit à l'effort soutenu, à la performance et finalement à l'abondance matérielle. Dans plusieurs pays qui n'ont pas encore connu l'industrialisation de masse, en revanche, et paradoxalement, l'avenir n'inquiète moins. Est-ce une caractéristique de la résilience née des épreuves lointaines et même du quotidien ? L'avenir sera ce qu'il sera. Et au fond, on croit qu'il sera meilleur sinon beaucoup de choses, d'analyses et de comportements individuels seraient changés. Cette situation ne traduit probablement pas le refus du développement comme cela a pu être écrit parfois ; cela ne semble pas non plus être une forme de fatalisme qui confine à l'absence de calcul ou de stratégie. C'est peut-être simplement une trop grande foi en l'avenir à partir d'une mémoire séculaire des choses. Rien n'étant nouveau sous le soleil, la vision circulaire du temps permet de savoir à l'avance que les civilisations humaines ont chacune leur phase de gloire. Il y a un temps pour apprendre et où les efforts ne produisent presque rien, en apparence. Et, il y a un temps où ils sont productifs, le moment où tout pousse.

4. Le développement et le concept de diversification de l'économie

L'analyse des difficultés économiques liées au sous-développement laisse apparaître le caractère monoculture ou quasiment de la production destinée à l'exportation. À l'évidence, tout observateur peut constater que le sous-développement se traduit également par une double dépendance : une dépendance vis-à-vis d'un nombre limité de matières premières, notamment le pétrole et le bois et une autre dépendance qui découle de celles-là et qui engendre une forte vulnérabilité par rapport à la conjoncture économique mondiale.

Cette seconde dépendance, qui s'est accentuée pour tous les pays du monde ouverts au libre-échange avec le phénomène de globalisation de l'économie, a souvent été la caractéristique de nombre d'économies en développement. Le dynamisme interne, parfois réel, ne suffit pas à compenser les effets des crises importées. Ceci est d'autant plus visible que l'interdépendance économique au niveau mondial renforce la diffusion des crises. Petits et grands pays connaissent, à des degrés divers et en fonction de leur robustesse propre, les mêmes effets négatifs ou positifs des changements brutaux de la conjoncture internationale. Pour un pays en développement, cette situation traduit autant un indicateur de l'insertion à l'économie mondiale qu'elle exprime une nouvelle source de vulnérabilité.

S'agissant de la dépendance vis-à-vis des matières premières, elle est celle qui structure clairement l'idée même du sous-développement avec non seulement une prépondérance du secteur primaire mais aussi une difficulté majeure à l'industrialiser afin d'élever la valeur de ses productions. Les faiblesses du secteur primaire auxquelles s'ajoutent les difficultés du décollage du secteur secondaire fait d'industries débouchent sur ce que F. PERROUX appelait « la mauvaise articulation des parties dans le tout » ou encore « des économies d'enclave qui se juxtaposent sans se relier » pour mettre en évidence le faible effet d'entrainement du secteur de production choisi sur le reste de l'économie.

L'économie, quelle que soit l'abstraction des concepts qui forment le jargon des spécialistes, est conçue pour être une « machine » cohérente, avec des dynamiques qui convergent ou que l'on fait converger vers les objectifs. Aujourd'hui, on observe notamment dans plusieurs pays en développement en Afrique que, d'une part, un secteur prépondérant (souvent le secteur pétrolier) est plutôt dynamique mais extraverti et donc facteur de transmission de crises et, d'autre part, un secteur hors pétrole (hors BTP) globalement peu performant en termes de contribution au Produit intérieur brut.

La diversification de l'économie, qui est de plus en plus évoquée comme approche de transformation structurelle, ne doit pas s'entendre au sens de la multiplication du nombre de matières premières à exploiter. Cela constituerait une réponse provisoire avec possiblement une probabilité élevée du risque d'aggravation de la dépendance vis-à-vis de l'extérieur. Car l'insertion perceptible de nos pays à l'économie mondiale, qui tend à se développer en termes de nombre de produits, reste encore tributaire des questions non résolues de transformation locale c'est-à-dire d'industrialisation. En d'autres termes, ce que nous vendons ayant peu de valeur ajoutée (qui est la véritable traduction du travail lié à ce bien donc de sa valeur), les prix sur les marchés internationaux peuvent être arbitraires.

On ne peut parler de développement économique sans évoquer le problème de l'endettement. Pour prendre l'exemple du Congo, on peut relever que l'endettement était jusqu'à une date récente autour de 60 % du Produit intérieur brut, soit à un niveau relativement soutenable pour notre économie. En d'autres termes, cela signifie que le pays consacrait plus de la moitié de la richesse produite au remboursement de la dette. Il s'agit d'une situation délicate si l'on peut appliquer à l'État les règles généralement appliquées aux ménages. En 2010, cette situation signifiait des difficultés en perspective.

Pour en sortir, il a fallu saisir l'occasion offerte par les programmes d'allègement de dettes proposés par les institutions financières internationales. Il s'agit notamment de programmes intitulés « l'initiative en faveur des Pays pauvres très endettés (PPTE) ». La réussite de ce programme a permis de réduire considérablement le niveau d'endettement et de remettre ainsi les finances publiques dans une trajectoire de croissance économique et de maitrise de la dépense. Cependant, pour ce pays comme pour les autres, le recours à la dette pour financer le développement est une nécessité tant la conjoncture économique et le volume des investissements indispensables pour le développement engendrent des besoins de financement considérables.

CHAPITRE II.

Le développement s'inscrit dans un cadre national tourné vers le développement, en commençant par les institutions économiques

1. Le développement économique et social puise sa force dans le système financier

Dans l'analyse des enjeux du développement économique et social, il ne peut être fait abstraction des défis du secteur financier et particulièrement dans son rôle principal de soutien à l'économie.

Dans les pays développés, on est passé d'une économie d'endettement à une économie de marché. Ce ne sont pas seulement des mots. Mais ces expressions correspondent à deux réalités précises du monde financier. Le système bancaire, après avoir bien joué son rôle dans la mise à la disposition de l'économie des financements nécessaires, a été suppléé par le développement des marchés financiers grâce à l'apport de l'innovation dans les mécanismes de financement de l'économie et des États. Par innovation ici, il faut entendre la créativité des financiers qui ont réussi à faire entrer le crédit dans une relation directe sans intermédiaires, entre les acteurs à capacité de financement et les demandeurs de financement. De cette innovation est née la finance directe ou la finance des marchés. En l'occurrence, des économistes, analystes et autres penseurs ont théorisé et donné un cadre cohérent à cette nouvelle vision du financement, plus en phase avec l'évolution du contexte international et de la situation économique interne des pays. Ainsi, en face de la multiplicité des besoins de financement, une panoplie d'instruments juridiques et financiers a été trouvée pour accompagner et sécuriser ce saut dans l'avenir.

La réalité du système de financement, dans la plupart de nos pays au sud du Sahara, est une situation particulière dans laquelle les instruments de l'économie d'endettement n'ont pas encore totalement donné la pleine mesure de leur efficacité. Dans le même temps, en raison du nombre limité d'acteurs concernés et des volumes encore faibles des ressources financières échangées, la finance de marchés peine objectivement à s'imposer. Nombre de pays se trouvent ainsi dans une situation particulière où ils pratiquent les deux types de financement de l'économie avec un résultat en dessous de l'ambition de développement. Sans doute aussi que le faible nombre d'entreprises performantes et dans une stratégie visible et dynamique de croissance avérée ne permet pas de booster les marchés financiers.

En effet, l'économie d'endettement, ce n'est pas seulement l'abondance du crédit mis à la disposition des emprunteurs. Elle est surtout le reflet d'un environnement économique général où des entreprises dynamiques alimentent beaucoup les marchés de leurs produits créant chez les ménages un grand besoin de consommer. C'est la société de consommation que le système financier se devait de faciliter.

Ainsi, dans les pays actuellement développés qui sont aussi passés par là, la finance n'existe pas pour elle-même, elle soutient la croissance et le relèvement général du niveau de vie des populations. Dans ce contexte, le système financier prend toute sa part dans l'animation économique du pays à travers la consommation des ménages, certes, mais aussi en fournissant aux industries les financements nécessaires. Le développement économique résulte de l'alliance objective entre les industriels et les banques. Pour l'encadrement du crédit, son orientation vers certains secteurs précis à des taux contrôlés n'était pas très libérale comme démarche. Cependant, cette idée volontariste et pertinente dans son contexte de l'époque a permis d'avoir des résultats conséquents. Tout ceci résulte d'une certaine lucidité dans les choix économiques car le développement s'inscrit dans une logique de transformation de la réalité vers un idéal qui s'appellera progrès social dans le futur. Le développement économique s'appuiera toujours sur la réalité objective du terrain faite d'entreprises qui, elles-mêmes, se développent et des institutions financières qui s'ajustent pour suivre le mouvement. Le fantasme intellectuel sur le développement économique et social serait de le concevoir sans intégrer vigoureusement le dynamisme des entreprises et des banques.

En ce qui concerne l'accélération de l'économie d'endettement, peut-on sérieusement exiger des institutions vendeuses des services financiers qu'elles prennent des risques démesurés quand elles-mêmes doutent beaucoup de leurs clients et de l'environnement des affaires ? Nous avons cru un moment qu'en attendant l'émergence des marchés financiers, la solution au problème de financement dans nos pays pouvait venir de la microfinance. Aujourd'hui, le constat est fait que le secteur de la microfinance fait beaucoup en faveur des personnes socialement vulnérables. Il fait beaucoup mais il fait en réalité ce qu'il peut. Certes, il joue un rôle utile dans la décentralisation des services financiers vers les plus vulnérables mais, en tout état de cause, ce n'est pas encore une véritable alternative en termes de financement du développement c'est-à-dire des entreprises et de leurs investissements afin de créer de la valeur économique. La microfinance joue plutôt un rôle complémentaire mais pas suffisant, d'autant qu'elle s'appuie beaucoup sur des capitaux de faible montant, en général.

2. La problématique du crédit reste au cœur de l'enjeu de développement

Au cours des dernières années, notre système financier, bien que plus solide que par le passé après la restauration des fondamentaux imposée par une réglementation plus exigeante, s'est trouvé globalement face à une impasse : une liquidité abondante des acteurs bancaires d'une part et, la faiblesse structurelle du niveau des crédits, d'autre part.

Or, la Banque centrale, dans le cadre d'une politique monétaire avisée, a depuis longtemps abandonné l'encadrement du crédit comme instrument de politique monétaire. Trop rigide, en décalage avec la libéralisation progressive des économies, l'encadrement du crédit, dans le sens haussier ou à la baisse, n'a plus cours. Il n'est donc plus possible d'imposer aux établissements bancaires une politique générale de crédit. Il leur appartient de déterminer librement, en fonction de leur propre stratégie, l'orientation de leurs encours de crédits. Cette mesure était sans doute nécessaire pour des économies comme la nôtre qui recherchent volontairement ou sur les conseils appuyés des partenaires au développement, l'arrimage à l'économie libérale. Dans ce même train de mesures, il faut intégrer également la suppression effective du taux débiteur maximum dans le but de faire jouer pleinement la concurrence entre les établissements de crédit.

Aujourd'hui (en 2010), la relative faiblesse du niveau de crédit en Afrique central et au Congo est-elle imputable à la qualité des projets présentés par les clients, à la frilosité des banques, à l'environnement juridique ou, plus probablement, à la conjoncture économique ? Que faisons-nous de la surliquidité bancaire ? Ce débat ne concerne pas seulement le monde financier. C'est un débat qui concerne tous ceux qui s'intéressent à la problématique du développement. C'est un débat vaste et multidimensionnel comme souvent le sont les problèmes économiques.

En Afrique centrale (en 2010), le paradoxe de l'apparente surliquidité bancaire face à la faiblesse du financement a conduit la sous-région à mettre en place un marché monétaire et financier pour le financement des États. Ainsi, il vient d'être mis en place le mécanisme de titres publics à souscription libre qui permettra aux États de la CEMAC, à partir des bons ou des obligations de Trésor de se financer auprès des banques commerciales, donc de capter la liquidité abondante des banques. Cette mesure, malgré le risque de l'effet d'éviction qu'elle peut représenter pour le financement de l'économie, constitue une avancée notable dans la modernisation de notre système financier.

En effet, elle présente des avantages multiples : un remploi sans grand risque de leurs liquidités pour les banques, le recours à l'épargne intérieure pour l'État et un financement non inflationniste pour la Banque centrale. Il convient de souligner que jusqu'ici subsistait le mécanisme du financement statutaire à travers lequel la Banque centrale accordait de droit un financement direct aux États membres, lequel financement représente 20 % de leurs recettes budgétaires. D'autres initiatives ont été prises au sein de la Communauté économique de l'Afrique centrale (CEMAC) à l'échelle nationale ou sous-régionale afin de mettre les ressources financières nécessaires en face des besoins et donner ainsi une trajectoire au développement, sous l'impulsion du secteur financier dans ses différents compartiments.

Par ailleurs, il faut constater la nécessité pour l'État, dans un pays en développement où les marchés financiers manquent souvent d'efficience, d'avoir des programmes et instruments financiers pour impulser, orienter et consolider le développement dans certains secteurs prioritaires de l'économie. Dans cette perspective, il convient d'étudier sérieusement la question du retour des banques de développement où l'État pourrait avoir un rôle important dans le tour de table. Cette idée, à laquelle sont sensibles des économistes et des analystes sérieux, ne manque pas de pertinence. En effet, en Afrique centrale, les banques de développement ont généralement échoué, comme la plupart des banques commerciales, à cause de leurs faiblesses internes et également pour défaut de ressources, dans une conjoncture économique de récession durable dans les années 90. Si aujourd'hui, ces ressources longues sont disponibles, il me semble que la remise en route de ce chantier n'est pas une chose absurde, d'autant plus que la modernisation des outils de gestion du secteur bancaire et de mesure des risques rend plus facile la correction des faiblesses de gouvernance relevées jadis.

Un autre instrument financier de l'intervention de l'État pourrait être la Caisse de dépôts et consignations (CDC) qui, dans d'autres pays, constitue un élément essentiel de la puissance financière de l'État. Cet instrument présente l'avantage de cibler précisément les objectifs du financement apporté et permet à l'État d'agir plus facilement, et de manière concrète, sur le développement de certains secteurs d'activité. Aujourd'hui, à travers le monde, s'est généralisé un autre instrument de la puissance financière publique au service du développement. Il s'agit des fonds souverains. Faciles à mettre en place lorsque l'État extériorise des excédents de trésorerie substantiels, ils offrent une liberté formidable dans la conquête de l'espace économique du pays et même à l'extérieur. Les actions menées par certains fonds privés étrangers, lorsqu'il s'agit de prendre des intérêts à l'étranger ou de vendre des actifs découlant de la saisie de créances sur des pays en développement, ont permis à travers le monde de mesurer la puissance d'un tel instrument. Dans la même perspective, des symboles importants des pays industrialisés tombent progressivement aux mains de fonds appartenant à des pays émergents. Cette situation donne de nombreux enseignements sur les transformations économiques dans le monde et sur le mouvement qui caractérise de tout temps l'économie sans oublier le rôle capital de la puissance des ressources financières dans la matérialisation du développement.

La finance, avec ses forces et avec ses excès, doit être toujours mise en mouvement pour l'économie. Donc, elle vit de l'innovation. À défaut d'être eux-mêmes les créateurs de cette innovation, les pays en développement peuvent au moins tenter de s'approprier plus rapidement certains mécanismes pour avancer. Ils peuvent même les imaginer, en partant de l'idée que la mécanique consiste toujours à transformer une vision en réalisations économiques concrètes. Dans une économie d'endettement qui ne s'est pas encore véritablement imposée à la société, faute d'entreprises susceptibles d'alimenter la dynamique économique, l'imagination est plus que de mise. Compte tenu de l'immensité des besoins de financement qui pourraient provenir de la clientèle, il revient aux institutions financières de lire habilement les trajectoires économiques. L'erreur à éviter, dans l'analyse et dans les actes, serait de figer les institutions financières dans une exploitation basique, un peu hors du temps, à l'instar du développement économique en souffrance, et surtout en décalage complet avec la demande potentielle immense de services financiers. La banque souvenons-nous est née de deux idées : le gardiennage des fonds pour des raisons de sécurité et la réinjection de ces fonds ou de ce qu'ils représentent dans l'économie en vue d'obtenir des bénéfices divers tels que le profit (l'intérêt) pour le banquier-prêteur, un capital pour l'entreprise, du pouvoir d'achat pour les ménages, etc. L'économie d'endettement, c'est surtout et avant toute chose, la prise de risque des financiers et des industriels en faveur du développement économique et social.

CHAPITRE III.

Le développement économique et social passe nécessairement par l'effectivité de l'inclusion financière pour gagner la bataille contre la pauvreté

La vie en société repose sur la cohésion sociale qui, elle-même, se nourrit du bien-être individuel et collectif que permet le progrès économique. Cette cohésion découle en partie de l'inclusion financière dont les manifestations peuvent prendre plusieurs formes allant du revenu minimum pour les personnes en activité professionnelle à l'accès aux services financiers de base pour les personnes qui en sont exclues. L'inclusion financière renferme donc plusieurs enjeux. D'une part, elle procède d'un projet humaniste visant l'amélioration du sort des populations vulnérables sur le plan des critères d'insertion sociale. D'autre part, elle traduit des préoccupations économiques et financières dont la finalité est d'accélérer l'éclosion de l'industrie bancaire à travers la prise en compte de dépôts et de besoins de financement d'une masse plus importante de populations. Pour un État, l'inclusion financière constitue un vaste sujet de politique économique et sociale en lien avec la politique de transformation de l'économie informelle sans oublier les injonctions réglementaires plus récentes relatives à la lutte contre le blanchiment des capitaux et le financement du terrorisme.

1. L'inclusion financière, de quoi parle-t-on ?

Dans le domaine bancaire, l'inclusion financière traduit l'utilisation des services offerts par le secteur financier formel. A contrario, l'exclusion financière évoque l'idée que des populations ne sollicitent pas le secteur financier soit parce que, de manière délibérée, elles ne le souhaitent guère et se satisfont des transactionnelles dans l'informel soit parce que les exigences imposées par les banques leur apparaissent comme insurmontables. Il existe donc une exclusion financière qui est volontaire, dans la mesure où les populations ne vont pas vers les banques et les banques refusent l'ouverture de comptes à certaines catégories de la population pour des raisons de revenus, de traçabilité des activités économiques ou autres. Et, il existe également une exclusion de fait qui découle du niveau de développement du pays : faible niveau d'emplois de la population active ; faible capacité d'épargne d'une partie importante de la population ; absence ou faible nombre d'institutions financières en milieu rural.

Cependant, il convient de constater que l'inclusion financière progresse dans les pays de la sous-région, même si des nuances s'imposent dans l'analyse. En effet, les innovations technologiques récentes, à l'instar du mobile money, ont conduit à un accroissement exceptionnel des paiements donnant l'illusion d'une inclusion financière massive des populations. Il s'agit d'une inclusion financière instable parce que cette massification des paiements électroniques est en grande partie le fait d'une population non bancarisée. La monnaie électronique étant, du fait de la réglementation, reconnue comme une monnaie à part entière, les opérations qui en découlent sont effectivement des opérations financières qui permettent aux utilisateurs occasionnels d'accéder aux services financiers. Cependant, la réception ou le transfert d'argent à travers le mobile money ne conduit pas nécessairement à la capacité d'entretenir durablement une épargne longue ou d'obtenir le financement substantiel d'une activité économique. Bien entendu, la présente réserve ne concerne pas les clients détenant un compte bancaire formel et qui réalisent des transactions de mobile Banking.

Les enquêtes sur l'inclusion financière révèlent que l'exclusion financière (bancaire) volontaire peut être motivée par un déficit de confiance de l'une ou l'autre partie. À l'instar de la banque, le client peut décider de manière légitime d'exclure une banque ou plus largement un système bancaire. Cette situation se réalise lorsque, pour des raisons diverses tenant notamment au déficit de confiance, une clientèle aisée choisit de confier son épargne et ses opérations financières les plus importantes aux banques installées à l'étranger, ce qui crée un effet d'éviction considérable pour les banques locales. L'idée pour les entreprises, sur la base des recettes d'exportation, de conserver des avoirs non justifiés par des opérations réelles, renvoie d'une certaine manière à un comportement d'exclusion financière de la part de la clientèle. Il appartient peut-être aux banques locales de faire la démonstration de leur professionnalisme et de leur expertise croissante dans les différents compartiments du métier, notamment en termes de gestion de patrimoine, afin de créer la confiance nécessaire susceptible de capter cette épargne. Peut-être qu'il conviendrait aussi de traiter les tensions sur le risque de pays et d'apaiser des inquiétudes en lien avec certains aspects d'ordre réglementaire.

Sur le plan statistique, le mode de calcul de l'inclusion financière peut conduire à des résultats légèrement différents selon que l'on prenne appui sur le nombre de personnes titulaires de comptes bancaires ou sur le nombre d'agences bancaires dans le pays rapporté à la population totale. Mais, le plus important sur le plan de la politique publique d'inclusion financière est qu'il y a au moins deux options possibles qui correspondent à deux idées différentes : la politique sociale pro-pauvres d'inclusion financière des personnes plutôt démunies et se trouvant dans l'informel et la politique financière de bancarisation de l'économie à travers les systèmes de paiement au service des acteurs formels, en particulier les entreprises, l'État et ses démembrements.

Dans les faits, il apparaît que la conjugaison des deux approches apporte des résultats satisfaisants. En effet, autant il faut amener une frange considérable de la population vers le système financier formel (aussi bien pour l'épargne que pour le crédit) et autant il faut travailler à obtenir que les populations comme les acteurs économiques établis utilisent de manière plus systématique les moyens de paiement offerts par le système financier au sens large. Le véritable problème de l'inclusion financière est que, à l'heure actuelle et de manière indifférenciée, les populations bancarisées ou non affichent une préférence pour le paiement en espèces doublée d'une réticence pour le dépôt en banque de leur argent.

De ce point de vue, il conviendrait peut-être de considérer le mobile money et les autres paiements instantanés comme un choix alternatif et délibéré exercé par le public. Et si tel est bien le cas, alors l'une des réponses adéquates du système bancaire classique résiderait dans la généralisation des cartes adossées aux comptes bancaires (pour les retraits d'argent au distributeur automatique de billets et pour les paiements électroniques). Il faut cesser de faire de la carte bancaire un objet pour les élites. Il faut au contraire la démocratiser et la rendre banale afin de permettre aux populations bancarisées de s'arrimer aux modalités de paiement par les technologies nouvelles. Cette demande concerne également les cartes prépayées, dès lors que la question de la formalisation de l'identification de la clientèle est résolue en lien avec l'impératif de lutte contre le blanchiment des capitaux.

2. L'inclusion financière ou stratégie de modernisation de l'économie ?

La problématique de l'inclusion financière apparaît très peu pour ne pas dire jamais dans les politiques ou stratégies économiques dans les pays avancés ou développés. On peut considérer que dans ces pays, cette question est totalement résolue parce que la quasi-totalité de la population a accès aux services financiers. Mais on pourrait aussi affirmer que cette problématique est devenue un marqueur ou un sujet récurrent dans les pays en développement. Cela veut dire que lorsqu'on parle de réflexion politique ou de politique publique sur l'inclusion financière, en réalité, la substance sur laquelle on devrait travailler est l'économie elle-même. En ce sens, le développement économique règle de fait la question de l'inclusion financière, dans la mesure où l'infrastructure juridique, économique et administrative qui existe apparaît inclusive et ne laisse guère de place à l'exclusion financière.

En effet, pour un individu, le fait de posséder un compte bancaire est un droit fondamental qui permet l'interaction avec beaucoup d'autres aspects de la vie sociale. Cela facilite la vie au quotidien. La finalisation d'actes juridiques, le paiement de factures, la contraction de prêts indispensable pour des millions de personnes, la perception du salaire et de tout autre revenu sont autant d'actions de la vie sociale dont la réalisation normale nécessite une relation bancaire. A contrario, ne pas avoir de compte bancaire entraine une rupture d'avec la société et la détention excessive d'espèces ou leur utilisation dans les paiements en espèces peut être source de nombreux désagréments y compris au plan judiciaire.

Dans les pays avancés, cet agencement complexe de l'infrastructure économique au service de la vie sociale est rendu possible grâce à une large convergence de vues sur plusieurs questions essentielles pour l'épanouissement individuel, dans le cadre d'une politique économique poussant à l'économie d'endettement et à la société de consommation. La forte attention des pouvoirs publics portée sur le système financier vise principalement à densifier sa capacité à offrir des crédits. Ainsi, la société ne conçoit pas l'idée qu'une personne puisse acheter une automobile, acheter des terres ou bâtir une maison sans solliciter de prêt bancaire ou qu'un industriel n'acquière ou ne renouvelle son outil de production sans obtenir de prêts auprès des banques, et ceci, malgré l'existence d'une surface financière personnelle importante. Il y a certes quelques rentiers qui peuvent le faire, mais toujours sur la base de ressources préalablement logées sur un compte en banque. En revanche, pour l'immense majorité des citoyens consommateurs, le prêt bancaire qui implique de fait le compte bancaire, est la solution. D'où la multiplication des formules de prêts à la consommation proposées au public par les institutions financières. En outre, des normes juridiques sont créées pour criminaliser ou rendre impossibles les dépenses importantes d'argent en dehors du système bancaire.

3. L'inclusion financière comme stratégie de lutte contre la précarité sociale

L'inclusion financière est un instrument de lutte contre la pauvreté. Elle consiste à insérer les couches sociales défavorisées à travers la mise à leur disposition des services financiers. Si nous sommes un pays en développement, cela veut dire que les pauvres sont de loin plus nombreux que les riches. Par conséquent, l'inclusion financière des pauvres est en réalité un pan entier de la politique de développement économique et social.

Avant de développer davantage, il conviendrait de bien situer la source de la précarité sociale dont l'inclusion financière constitue l'une des pistes de sortie.

Les potentialités dont regorgent nos économies nationales sont identifiées. Elles sont importantes. Mais, il s'agit du capital à l'état brut sans l'apport de l'ingéniosité de l'intelligence humaine et sans la puissance des machines. Ce sont donc des dotations naturelles qui peuvent rester en l'état et n'avoir aucune retombée concrète sur les conditions de vie des populations. Les potentialités économiques constituent des richesses abstraites. Ainsi, l'ambition collective, à travers les politiques économiques, consiste à faire en sorte que ces potentialités théoriques se transforment progressivement en des richesses concrètes pour les populations sous forme multiple : état de l'habitat ; disponibilité des commodités modernes ; existence d'équipements publics ; emploi, santé, éducation et tout ce qui peut concourir au bien-être.

Aujourd'hui, il existe encore un écart entre les potentialités et le réel qui s'explique en grande partie par le caractère extrêmement lent des processus de développement et par quelques erreurs stratégiques qui ont contrarié les efforts de transformation des potentialités de nos économies en richesses concrètes. Ceci n'est pas la faute à une personne ou à un système en particulier ni même la faute à personne. Mais ceci est la faute à nos idées, à nos choix et décisions humaines qui produisent généralement des effets à moyen et long terme. Nous vivons aujourd'hui les conséquences des décisions économiques prises il y a 5 ou 10 ans, 30, voire 50 ou 60 ans. À défaut de changer le passé, il convient d'être lucides sur les enjeux économiques d'aujourd'hui qui détermineront nos conditions de vie futures. Donc lorsqu'on parle d'inclusion financière, il convient de bien mesurer ce qu'il en est et ce que nous voulons faire, et pourquoi ?

L'État prend des mesures visant à sortir les activités de production de biens et services de l'économie souterraine. De la même manière, il cherche, à travers la politique de l'inclusion financière de toutes les populations, à sortir totalement les activités financières de l'informel. En effet, dans une certaine mesure, l'inclusion financière vise indirectement à lutter contre la finance souterraine c'est-à-dire contre la frange de la finance qui se déroule en dehors des institutions financières régulièrement agréées (autorisées et contrôlées par les superviseurs). Il s'agit en réalité d'étouffer cette finance informelle en faisant accéder sa clientèle potentielle aux services financiers légaux.

La réglementation de la microfinance au cours de la décennie 2000 a permis de répondre à ce besoin en poussant les établissements de microfinance formellement autorisés à récupérer massivement des populations en marge des critères d'élection des banques commerciales. De même que l'installation des banques commerciales et de la Banque centrale à l'intérieur du pays vise à soutenir l'activité économique et l'inclusion financière sur le territoire national. Cependant, la volonté des pouvoirs publics de faire progresser l'inclusion financière doit aussi tenir compte de la part non négligeable de la population qui rejette les services offerts par le système financier, en raison de la faiblesse des revenus disponibles ou à cause du déficit de confiance. A priori, il n'existe pas de véritables instruments pour lutter contre ce comportement si ce n'est probablement de manière coercitive à travers la loi.

En effet, il n'existe pas de politique d'inclusion financière réellement efficace envers cette partie de la population qui ne désire pas se bancariser. Outre la loi, il convient d'user de sensibilisation afin de faire évoluer les mentalités ou tout simplement de renforcer la voilure des politiques économiques et financières publiques afin d'atteindre des transformations structurelles décisives de l'économie. Cette évolution de l'économie et donc des institutions financières qui en découlent est susceptible de créer un basculement de la société dans la modernité des comportements de consommation, lesquels engendrent généralement des besoins de financements et des réflexes en matière d'épargne sécurisée du surplus de revenus. Par ailleurs, la société a aussi à se poser sérieusement la question de sa capacité collective à appliquer certaines dispositions de la réglementation sur les moyens de paiement qui limitent le montant des paiements en espèces ou celui des détentions d'espèces en dehors des banques.

4. Qu'en est-il de la lutte explicite contre la pauvreté ?

Dans les pays industrialisés, les politiques de lutte explicite contre la pauvreté recensent des politiques de réinsertion sociale. Dans une économie qui se développe, il semble acquis l'idée que des entreprises puissent faire faillite, que des enfants vivent le décrochage scolaire et que les aides sociales apportées par l'État s'amenuisent ou disparaissent avec le principe de la fin des droits. Il est même admis l'idée que le progrès social ne se fait pas forcément au même rythme dans toutes les couches sociales. Selon les régions, les qualifications professionnelles, les secteurs d'activité ou d'autres critères plus ou moins objectifs, l'insertion sociale n'est pas égale dans les faits, indépendamment du droit qui est naturellement le même pour tous, dans un même pays. Dans la mesure où l'industrialisation diffuse ses retombées dans la société, il va sans dire que l'impact n'est pas uniforme. Dans un pays développé, les politiques de lutte contre la pauvreté, quel que soit le dispositif en place, se traduisent généralement par un effort de solidarité financière pour les actifs et ceux qui sont effectivement bien insérés socialement et par des aides pour ceux qui en ont besoin. Cependant, dans un pays en développement, il est plus difficile de parler de partage de la valeur ajoutée, bien que cela soit nécessaire pour les mêmes raisons de stabilité que dans les pays avancés. En effet, pour parler sérieusement du partage des fruits de la croissance, il faut d'abord parler du contenu de la croissance. En principe, la croissance économique est porteuse de richesse pour le pays. Il arrive dans le jargon économique que l'on parle de croissance appauvrissante. L'idée exprime le décalage entre les taux de croissance affichés et les externalités négatives que cette croissance a pu avoir sur les populations, qu'elles soient des personnes actives ou pas. En effet, dans certains cas, la croissance peut résulter d'une utilisation plus accrue de la machine ou de la technologie au détriment de la main-d'œuvre humaine. Elle peut être aussi le résultat de nombreuses restructurations industrielles avec des conséquences négatives sur l'emploi, etc. Bref, dans les entreprises, les gains de productivité obtenus au détriment du coût de la main-d'œuvre peuvent être une source importante de difficultés sociales. La croissance peut donc se faire au détriment de l'emploi. Paradoxalement, la croissance peut d'une certaine manière appauvrir. D'où le décalage qui peut exister entre les résultats financiers des entreprises, le taux de croissance du pays et la perception de ces performances par les analystes avertis, particulièrement au sein des organisations syndicales dans la communauté des travailleurs.

Cette situation débouche naturellement sur le débat, les indicateurs de la performance économique des entreprises ou des États. La progression du Produit intérieur brut (PIB) nous donne le taux de croissance de l'économie. Cependant, le PIB est le résultat d'une convention comptable précisément tirée de la comptabilité nationale. La littérature économique disponible fait remonter sa conceptualisation à la période d'après crise des années 30 par l'organisme américain dénommé « National Bureau of Economic Research (NBER) ». La notion de PIB s'est généralisée pour devenir la mesure universelle de la richesse créée dans un pays. La mise en place en France en 2008 de la commission – réunissant des sommités de l'économie – chargée de réfléchir sur d'autres critères de mesure de la croissance économique montre l'intérêt du débat sur cet indicateur, y compris dans les pays développés. Que cette question se pose également dans un pays en développement est parfaitement normal. Cette question est autant sociale que d'ordre théorique ou académique. Ici, elle se pose avec encore plus d'acuité dans la mesure où la dimension informelle d'une part de l'économie contribue à sous-estimer le niveau réel de la création de richesse. Autrement dit, le biais statistique induit par l'économie « hors contrôle » minore le taux de croissance qui devrait être vraisemblablement plus important. De plus en plus, émergent des propositions consistant à faire évoluer les indicateurs de créations de richesse, tant pour prendre en compte les productions non valorisées que pour orienter l'analyse vers une croissance qui réduit la pauvreté plutôt que l'inverse.

Donc le PIB est un indicateur discutable pour véritablement mesurer le progrès social. Ensuite, reste la question des retombées de la croissance, c'est-à-dire la traduction dans la vie concrète des performances indiquées par les chiffres. Si le pouvoir d'achat permet de déterminer le niveau de vie de la population, il est bon de fixer l'attention de la politique de lutte contre la pauvreté sur les mécanismes susceptibles de renforcer, par la solidarité collective, le niveau de revenus des plus vulnérables, dans des économies qui connaissent une véritable croissance. Dans un pays en développement où les ressources additionnelles susceptibles de financer la lutte contre la pauvreté sont rares, il convient bien souvent de miser plus fortement sur l'efficacité des politiques économiques et sur leur caractère inclusif en matière d'emploi. Ce qui pose la problématique des industries et des secteurs d'activité à développer de manière prioritaire.

CHAPITRE IV.

Le développement économique et social et la problématique de la lutte contre le blanchiment des capitaux

1. Le concept de la lutte contre le blanchiment des capitaux

Lorsqu'on parle de la lutte contre le blanchiment des capitaux, il faut toujours garder à l'esprit que l'intitulé exact du règlement de la CEMAC qui encadre cette démarche recouvre deux aspects différents mais qui se complètent. Il s'agit de la lutte contre le blanchiment des capitaux qui est une démarche préventive visant à protéger le système financier et l'économie en général des capitaux issus d'activités criminelles ou délictuelles. Et, il s'agit de la lutte contre le financement du terrorisme et la prolifération des armes qui vise à détruire ou du moins à bloquer les circuits de financement du terrorisme afin de prévenir des attentats et les conflits armés et donc d'assurer la sécurité des populations.

La lutte contre le blanchiment des capitaux porte sur une matière économique qu'est la gestion des capitaux en circulation dans l'économie. Elle revêt un caractère social dans la mesure où le règlement se veut protecteur de la société en même temps qu'il renferme une forte dimension politique puisqu'il soutient des valeurs d'intégrité du système financier, de légalité de la source de revenus et de la fin de l'enrichissement sans cause, par-delà les frontières. Aujourd'hui, dans les relations économiques internationales et notamment en ce qui concerne les relations bancaires, la lutte contre le blanchiment des capitaux appelée parfois conformité est devenue une norme incontournable pour la confiance mutuelle et le traitement diligent des opérations bancaires.

Dans les pays avancés d'Occident où le principe du secret bancaire a prévalu pendant plusieurs siècles, la lutte contre le blanchiment des capitaux procède d'une évolution profonde de la gouvernance juridique et économique dont le fondement est la transparence et la responsabilité, dans des sociétés où les exigences d'ordre éthique ou de morale publique ont tendance à imprégner différents segments de la gouvernance en commençant par la gouvernance financière. Dans la mesure où le blanchiment des capitaux comporte un risque réputationnel, voire un risque juridique pour leurs entreprises, les pays avancés ont fait de la prévention de ce risque une exigence de premier plan dans leurs relations économiques. Cette situation explique l'accroissement de la pression exercée sur les pays en développement dont les standards sont généralement perçus à tort ou à raison comme encore faibles.

Dans cette perspective, la lutte contre le blanchiment des capitaux revêt pour nos pays une importance capitale sur le plan du maintien des relations d'affaires avec les partenaires étrangers ; du dénouement des paiements internationaux et ce qui concerne de manière générale l'insertion de nos économies à l'économie mondiale. En effet, pour les pays en développement en quête de financements extérieurs, le risque ultime en la matière est de se voir désigné comme « un territoire non coopératif » ou d'apparaître sur les listes noire ou grise du GAFI (l'organisme onusien en charge de cette problématique). Cette sanction constitue de fait un embargo financier et économique pour un pays. S'agissant d'économies extraverties comme le sont la plupart des économies des pays d'Afrique et particulièrement de la CEMAC, avec une faible demande intérieure et une forte dépendance à l'égard des marchés internationaux de matières pour les exportations et une dépendance aux importations et aux financements étrangers, l'exclusion financière et commerciale internationale pourrait engendrer une crise économique et sociale majeure.

Comme on peut le constater, la problématique de la lutte contre le blanchiment des capitaux renferme des enjeux très importants. On pourrait entrer dans le détail des dispositions réglementaires, mais ce serait fastidieux, scolaire et en dessous des attentes d'un véritable partage de réflexions. Cependant, afin de donner un caractère pratique à notre analyse (et en complément de ce qui a déjà été dit dans le règlement et par ailleurs) je vais me borner à répondre à trois questions : pourquoi l'effort de la lutte contre le blanchiment des capitaux repose-t-il principalement sur le secteur financier ? (1) ; pourquoi est-il néanmoins nécessaire de faire participer les autres secteurs de l'économie ? (2) ; quels sont les enjeux particuliers de la lutte contre le blanchiment des capitaux au sein des structures de l'État ? (3).

2. Pourquoi l'effort de la lutte contre le blanchiment des capitaux repose-t-il principalement sur le secteur financier ?

D'abord parce que l'organisation de l'économie moderne accorde une place de choix au secteur bancaire dans la conservation des fonds. La banque permet en effet d'ouvrir un compte, de faire des placements, de procéder à des acquisitions, d'obtenir des crédits et d'ordonner des transferts vers l'étranger. Le système financier étendu aux établissements de microfinance et à toutes les autres formes de pratiques et instruments modernes de paiement est au cœur du fonctionnement de l'économie. C'est un passage obligé pour régler les transactions économiques, notamment lorsqu'elles portent sur des sommes importantes et lorsqu'elles impliquent des opérations internationales.

Il va sans dire que le niveau de bancarisation de l'économie détermine le degré d'intervention du système bancaire dans l'économie. D'où l'importance des mesures d'inclusion financière pour aider à lutter contre le blanchiment des capitaux car on ne peut contrôler efficacement que les flux financiers qui transitent par des canaux officiels. C'est ce constat qui a conduit les pays plus avancés à limiter par la loi les paiements en espèces et la détention d'espèces à partir d'un certain seuil.

Ensuite, les banques sont en première ligne dans la lutte contre le blanchiment des capitaux parce que le blanchiment c'est l'action d'utiliser les circuits officiels de l'économie comme une sorte de camouflage pour tenter de donner une légitimité à des capitaux d'origine douteuse car provenant d'une activité illicite. Or, ces circuits officiels sont généralement les circuits du secteur financier au sens le plus large. Le blanchiment c'est le fait de sortir l'argent sale de la clandestinité pour l'injecter dans l'économie formelle, la banque servant de lieu de transformation ou de passage nécessaire vers la transformation de cet argent.

Il sied de souligner que lorsqu'on parle de système financier, on intègre naturellement la Banque centrale, même si en réalité sur le plan opérationnel en ce domaine, elle est en grande partie dépendante de la qualité des dispositifs de lutte contre le blanchiment des capitaux déployés par les établissements assujettis que sont les banques primaires. Cependant, la problématique de lutte contre le blanchiment des capitaux est essentielle pour une Banque centrale d'une part, parce qu'elle est tenue d'avoir son propre dispositif interne notamment pour surveiller les opérations dans ses métiers les plus sensibles et, d'autre part, en raison du caractère hautement stratégique de la notion de réputation de place. Il faut donc que les autres acteurs au sein du système financier et même en dehors de celui-ci soient performants dans cette matière afin de permettre à la Banque centrale d'assurer la fluidité des paiements domestiques et internationaux.

Lorsque la réglementation relative à la lutte contre le blanchiment des capitaux est insuffisamment appréhendée ou lorsqu'elle est mise en œuvre de manière licencieuse par les différents acteurs au sein de l'économie nationale, cela suscite généralement des réactions fortes et parfois excessives des contreparties étrangères (partenaires co-contractants et correspondants bancaires), à cause de la différence manifeste des standards. Cette situation peut aussi conduire à un comportement rigoriste des banques dans l'application de leurs obligations pour éviter des sanctions ou une perte de confiance à l'égard de leurs correspondants. Il s'ensuit que la gouvernance financière internationale actuelle suscite un alignement exemplaire des institutions bancaires de la planète, en matière de lutte contre le blanchiment des capitaux. À titre prospectif et pour élargir le débat, on peut subodorer que les banques, à travers le monde, afficheront le même alignement lorsque de probables normes financières en rapport avec les exigences climatiques actuelles verront le jour. Il y a ainsi dans la diffusion de la problématique de la lutte contre le blanchiment des capitaux et le financement du terrorisme, le débat sous-jacent de la production des normes internationales et du rapport de force politique entre les États sur la scène internationale.

3. La nécessité d'impliquer les autres secteurs de l'économie et de la société dans la lutte contre le blanchiment des capitaux

La lutte contre le blanchiment des capitaux peut être définie comme une surveillance rigoureuse des opérations à caractère économique et notamment des flux financiers qui s'y rapportent. Si l'objectif de cette surveillance est de connaitre l'origine des capitaux et leur destination, il est normal qu'elle s'étende sur tous les secteurs économiques susceptibles de recevoir ou de voir passer lesdits capitaux. Il sied de rappeler que selon une opinion communément admise, la lutte contre le blanchiment des capitaux a été initialement conçue comme un instrument de lutte contre le terrorisme par les États-Unis à la suite des attentats du 11 Septembre 2001. Dans cette optique, il s'agissait de surveiller les transactions économiques afin de pouvoir tracer et traquer les opérations suspectes, ce qui devrait conduire à identifier et à mettre hors d'état de nuire les criminels et les terroristes. De la même manière qu'au niveau international et à travers l'ONU, la plupart des pays ont adhéré à cette réglementation moyennant des nuances marginales, à l'échelle d'un pays, tous les secteurs sont nécessairement engagés.

À l'instar des notaires dont le sceau permet de finaliser et d'authentifier les contrats ou du secteur de l'immobilier qui est largement exposé à la problématique de recyclage des capitaux, les autres acteurs que sont des agents non financiers de l'économie peuvent avoir un rôle significatif à jouer dans la lutte contre le blanchiment des capitaux. En l'espèce, il s'agit de les obliger à procéder au signalement des opérations jugées suspectes auprès des autorités mises en place à cet effet. La suite à réserver au signalement dépend d'analyses complémentaires qui sont susceptibles de déclencher une action judiciaire dans le cadre du traitement répressif du blanchiment.

Il convient de préciser la nécessité pour tous les acteurs engagés dans cette démarche de faire preuve de rationalité et de mesure dans l'accomplissement de leurs obligations légales en matière de blanchiment, afin d'éviter des règlements de comptes, des délations gratuites et tout ce qui peut compromettre sans raison valable la réputation des personnes et la stabilité d'un secteur d'activité donnée. En effet, le risque de détournement de la procédure à des fins autres que la lutte contre le blanchiment est toujours possible, qui plus est, dans un pays en développement où plusieurs normes juridiques et économiques sont en réalité en construction ou du moins en phase d'expérimentation sur une échelle historique.

La lutte contre le blanchiment des capitaux devrait aller de pair avec le durcissement des lois sur la dénonciation calomnieuse, pour prévenir des abus dans les déclarations de soupçons ou dans le gel des fonds. Il faut en effet bien intégrer l'équilibre des exigences entre la promptitude à signaler les éventuelles opérations de blanchiment des capitaux et la prudence qui est susceptible de contribuer à la protection de la réputation d'autrui. D'où l'enjeu de la question de la sensibilisation et de la formation de tous les participants au dispositif de manière à éviter toute confusion et surtout pour garantir la rigueur et l'objectivité dans l'analyse du risque de blanchiment des capitaux. Tout en participant activement à la lutte contre le blanchiment des capitaux, la société doit cependant prendre le temps de réfléchir sur l'impact de cette réglementation sur la question de la confiance dans les transactions économiques. Est-ce que la lutte contre le blanchiment renforce ou pas la confiance dans le système bancaire et la confiance entre les acteurs de l'économie de manière générale, même si dans les paiements internationaux, cela semble évident ?

Par ailleurs, dans la mesure où dans les pays avancés, le système financier s'est développé pendant des siècles dans le cadre du respect du secret bancaire donc de la non-justification systématique de l'origine des fonds, ce qui est le contre-modèle de la lutte contre le blanchiment des capitaux, il convient de se poser également la question de savoir si la lutte contre le blanchiment des capitaux est un accélérateur ou un possible ralentisseur du développement de l'industrie bancaire et financière. Cette interrogation est d'autant plus indiquée que la lutte contre le blanchiment des capitaux s'inscrit dans une logique d'exclusion (des capitaux d'origine douteuse), ce qui est une norme fortement souhaitée en Occident c'est-à-dire avec des banques globalement rentables, liquides et solvables ; tandis que dans les pays en développement, la logique générale est celle de la lutte contre l'exclusion au profit de l'inclusion financière des pauvres, des faibles, des informels, etc.

Tout en luttant contre le blanchiment des capitaux, il faut en effet toujours garder à l'esprit que le système financier peut être en avance sur la société par l'innovation et la création des produits financiers à proposer au public. Mais, il ne peut se découpler radicalement de la nature et des structures économiques, sociales et culturelles de son environnement car de part et d'autre du guichet bancaire se trouvent des hommes et des femmes vivant dans la même société. En d'autres termes, la mise en œuvre de la problématique de lutte contre le blanchiment n'est pas forcément aisée dans un environnement marqué par une forte sous-bancarisation, une forte domination de l'économie informelle et vraisemblablement une nette préférence pour les espèces sonnantes et trébuchantes (pièces et billets).

4. Les questions particulières de la lutte contre le blanchiment des capitaux au sein de l'État

En ce qui concerne l'État, la lutte contre le blanchiment des capitaux revêt une importance cruciale sur le plan de la sécurité économique et politique. En effet, cette problématique renvoie à la question du contrôle de l'origine des ressources qui alimentent l'économie. Elle permet de faire respecter l'idée que seul le travail crée de la richesse, en bannissant les revenus de la criminalité qui sont porteurs de dangers de tous ordres pour un pays. Le premier danger est que ces capitaux découlent d'actes qui affectent la sécurité des personnes et des biens et donc qui fragilisent la société. Le second danger est que ces capitaux une fois recyclés dans l'économie peuvent à nouveau être utilisés à des fins criminelles ou de déstabilisation d'un pays. La lutte contre le blanchiment des capitaux est donc un sujet qui devrait intéresser au plus haut point la sécurité économique nationale.

Par ailleurs, dans un pays en développement, la lutte contre le blanchiment des capitaux relève du sacrifice économique à travers l'expulsion du système financier de ressources considérables susceptibles de résoudre des problèmes économiques et sociaux immédiats. Il s'agit d'un choix guidé par les considérations relatives à la stabilité à long terme d'une société. D'où l'intérêt d'avoir des normes légales et réglementaires pour contraindre tout un chacun à agir dans ce sens car l'arbitrage n'est pas a priori aisé. Fort heureusement, les capitaux d'origine douteuse lorsqu'ils sont gelés ne sont pas définitivement perdus pour l'État qui peut les utiliser dans des causes jugées plus nobles de lutte contre la pauvreté ou simplement plus pratiques telles que le financement de certaines opérations couteuses pour l'État.

Ensuite, en posant une exigence formelle sur la source des capitaux pour qualifier l'utilisation qui en découle, la lutte contre le blanchiment des capitaux interroge sur la qualité du travail dans la société en général. La justification des revenus équivaut en réalité à la justification du travail exercé. Les exercices de profilage des mouvements bancaires qui visent à établir la cohérence entre les opérations effectuées et l'activité déclarée caractérisent parfaitement cette affirmation. Il s'agit d'encadrer les comportements en imposant le respect de la légalité dans les intentions et les projets de création de richesses.

Dans cette perspective, on ne devient plus riche par hasard. L'activité économique illicite n'a plus aucune valeur quel que soit le montant des revenus qu'elle rapporte. La prise de hauteur sur le plan moral en a décidé ainsi dans le système de valeurs des pays avancés, avec un effet de contagion obligatoire sur les pays tiers désireux de coopérer avec eux. De ce constat, il ressort l'idée que le contrôle de l'origine des fonds débouche presque sur le contrôle des riches et bientôt sur le privilège accordé à l'investissement socialement responsable. Puisque par l'effet de la loi, les justificatifs sont rendus obligatoires pour prétendre jouir librement de ses ressources financières et de ses biens, il convient de réformer. Il faut réformer et transformer le champ des activités économiques, notamment informelles, afin de pouvoir acter la réalité des revenus et la substance du travail qui les génère au travers d'une formalisation effective.

En matière de lutte contre le blanchiment des capitaux, les obligations particulières pour ne pas dire plus lourdes qui s'imposent aux personnes dites politiquement exposées c'est-à-dire en situation de responsabilité politique, économique ou sociale, procèdent de la même analyse, avec la recherche de vraisemblance entre la source des capitaux et les utilisations qui en découlent. Si l'on devait exprimer les choses de manière simple, on dirait que dans les pays en développement, la lutte contre le blanchiment des capitaux est un instrument de gouvernance qui s'inscrit fondamentalement dans la logique de la lutte contre la corruption. Par ailleurs, le principe de déclaration de patrimoine que plusieurs États tentent d'instaurer dans leur droit positif comme dans les bonnes pratiques de gouvernance publique participe indirectement et de manière dissuasive à la prévention du risque de blanchiment des capitaux. En raison de l'existence de cette réglementation, il y a comme une convergence des attentes afin de changer de perspective en ce qui concerne les dépenses financières individuelles et publiques.

Enfin, en termes d'enjeux sous-jacents, la lutte contre le blanchiment des capitaux procède également de l'implémentation de standards qui confortent la crédibilité d'un pays dans ses relations avec les autres à l'échelle internationale. L'alignement de toutes les banques sur ces standards sur une place bancaire nationale et au niveau régional constitue un gage de confiance pour le traitement serein des opérations ainsi que pour la facilitation des échanges avec l'extérieur. Autrement dit, il n'est pas exagéré d'affirmer que la lutte contre le blanchiment des capitaux dans un pays est de nature à faciliter l'insertion de son économie à l'économie mondiale. Toutefois, il convient toujours de contextualiser les choses afin d'intégrer d'une part, les défis posés par la sous-bancarisation et la prédominance de l'économie informelle et, d'autre part, les enjeux politiques et géostratégiques qui structurent les relations internationales, particulièrement lorsqu'il s'agit de produire de nouvelles normes universelles pour l'économie.

CHAPITRE V.

Le développement économique et la vaste problématique de la lutte contre la vie chère

Il est heureux de constater que dans plusieurs pays du monde, les gouvernants tentent de prendre des mesures visant non à éliminer l'inflation qui est subséquente aux lois économiques, mais à en atténuer l'impact sur les populations. Il y a une nécessité économique à s'attaquer vigoureusement à l'inflation afin de préserver la valeur de la monnaie en circulation, et partant, la crédibilité de l'Institut d'émission dont cet enjeu figure parmi les priorités de sa mission. Cette bataille est rendue également nécessaire sur le plan de la préservation de la stabilité sociale et politique d'un pays, dans la mesure où l'inflation est une maladie de l'économie qui induit une négation du bien-être social. Les pouvoirs publics, à travers des boucliers et dispositifs de protection du pouvoir d'achat, ont raison d'agir avec diligence, encore faut-il bien cerner les sources du problème afin de réagir à bon escient c'est-à-dire de manière efficace. Sans prétendre maitriser parfaitement les déterminants de l'inflation, par exemple, dans notre pays, le Congo, on peut déduire de l'expérience l'existence d'une frange importante d'inflation importée du fait des perturbations de l'économie mondiale consécutivement au conflit armé en Europe de l'Est. On peut aussi raisonnablement indiquer que les mesures de riposte contre l'inflation pourraient prendre trois directions : des mesures visant la demande (1), les mesures concernant l'offre de biens et services (2) et des mesures en lien avec la coopération économique internationale (3).

1. Les mesures susceptibles d'agir sur la demande de biens et services des particuliers

Il existe au sein de l'économie de plusieurs pays dans le monde des revenus qui ne se rapportent à aucune activité économique dûment répertoriée. Les particuliers détenteurs de ces revenus consomment et investissent dans l'acquisition d'actifs immobiliers notamment. Cette masse monétaire participe à la vie économique c'est-à-dire qu'elle circule dans l'économie sans avoir été générée en amont par une production établie de biens et services. Il s'agit d'une richesse spontanée qui perturbe gravement le circuit économique car en réalité, comme on le sait, les biens s'échangent contre les biens et la monnaie qui facilite et permet cet échange est avant tout un intermédiaire.

Par ailleurs, la règle pertinente de calcul de la circulation fiduciaire indique que celle-ci est essentiellement adossée au Produit intérieur brut (PIB) donc à la production. Un pays peut connaitre ainsi une masse monétaire qui ne correspond en partie à rien, mais en revanche perturbe les prix de plusieurs biens en les tirant brutalement vers le haut. Le trouble ainsi créé sur l'économie est si profond qu'il entretient chez la plupart des consommateurs le sentiment d'un pouvoir d'achat insignifiant. Aussi, la lutte contre cette source d'instabilité conduit naturellement à la lutte contre le blanchiment des capitaux dont le principe cardinal est la justification économique des revenus et actifs possédés.

La lutte contre l'inflation passe par la compréhension exacte des mécanismes de formation des prix sur les différents marchés de biens et services qui structurent l'économie nationale. La masse monétaire de source économique inconnue devrait être isolée et traitée de manière spécifique en termes de riposte contre l'inflation. Il convient en effet de bien maitriser le processus d'accélération des prix pour connaitre les sources véritables de tensions.

Les autres mesures visant la demande des particuliers peuvent prendre la forme d'un bouclier tarifaire sur les prix de certains produits de base ou encore la forme d'aides sociales limitées au bénéfice des couches sociales vulnérables. Ces mesures sont largement pratiquées dans les pays avancés. S'agissant justement des mesures visant les revenus des ménages, il sied de préciser que le principe de gratuité notamment pour les services publics ne devrait pas avoir une portée générale mais plutôt être appliqué, pour des raisons particulières, à une catégorie restreinte de la population.

Cependant, la réduction des prix peut être décidée de manière directive par l'État au bénéfice du plus grand nombre face à l'inflation. Toutefois, des dispositifs financiers doivent être mis en place en arrière-plan en vue de compenser le poids financier de la décision administrative de baisse des prix annoncée par les pouvoirs publics. Il n'est guère indiqué de vendre un service public ou privé gratuitement. En effet, afin d'assurer la bonne tenue des comptes et le fonctionnement adéquat des structures quelles qu'elles soient, il convient de chiffrer les choses, ce qui ne signifie nullement le paiement rubis sur ongle du prix. Il faudrait simplement désigner la structure qui paie en lieu et place du consommateur ou de l'usager ou bien la structure qui assurera le remboursement du prix payé par ce dernier. Ainsi, faire en sorte que les biens et services soient chiffrés à leur prix exact apparaît essentiel pour amorcer efficacement la lutte contre l'inflation. Cette démarche renvoie à la capacité du pays à faire émerger des systèmes de production efficaces susceptibles de rencontrer une consommation stable.

Nous avons indiqué plus haut que des revenus spontanés et sans cause entre les mains de consommateurs pouvaient générer l'instabilité des prix sur certains marchés. Il faut aussi noter que l'instabilité ou la raréfaction des revenus des ménages pour diverses raisons peut également perturber la production et probablement les prix. Afin d'engager, du point de vue de la consommation des ménages notamment, la lutte contre la vie chère, il conviendrait sans doute d'agir pour protéger les faibles revenus de la hausse insupportable des prix, sans perdre de vue la notion du juste prix qui par ailleurs doit toujours être payé par quelqu'un dans l'immédiat ou plus tard.

S'agissant de la question particulière de la stabilité des salaires, un petit développement s'impose. En effet, il y a lieu de préciser que dans les pays développés, en principe les salaires dans le secteur public ou même dans le secteur privé sont stables et progressent suivant des règles codifiées. La hausse régulière des salaires est un acquis social. Ce qui fait encore débat, c'est le rythme de cette hausse en lien avec l'inflation. Alors que certains réclament une hausse plus forte afin de permettre aux salariés de supporter la hausse des prix des biens achetés, les autres pensent au contraire que les salaires devraient progresser modérément pour ne pas alimenter l'inflation dans la mesure où le pouvoir d'achat supplémentaire passerait presque exclusivement dans la consommation. Dans tous les cas, il y a une prévisibilité, donc une stabilité des salaires qui en soi contribue à la lutte contre l'inflation. En effet, le cadre législatif et réglementaire de l'évolution des salaires des ménages présente l'avantage de faciliter les anticipations d'inflation des entreprises et des décideurs économiques en général. Ceci semble intuitivement vrai même si la théorie de la boucle des salaires semble de plus en plus remise en cause.

Par conséquent, la lutte contre l'inflation dans un contexte de pays en développement passe aussi par l'organisation de la rémunération du travail afin de lui assurer davantage de prévisibilité pour le plus grand bénéfice de la perception par l'ensemble des agents de la pertinence de l'analyse de l'activité économique de ce sujet.

2. Les mesures susceptibles d'agir sur l'offre de biens et services notamment par les entreprises

Les personnes qui s'intéressent de près à la question de l'inflation savent que la disponibilité des biens et services dont les consommateurs ont besoin apparaît nécessaire à la maitrise des prix, ce qui confère à l'activité de production et donc à la consistance du tissu productif, un rôle déterminant dans le processus de stabilisation des prix. On pourrait même affirmer que la lutte contre les tensions sur les prix se gagne en grande partie en amont dans les capacités de production de l'économie. La rareté d'un bien crée une attraction qui alimente l'appétence des consommateurs pour ce dernier. Il en résulte une tendance haussière du prix tant que les conditions du marché, notamment l'offre et la demande, ne changent pas de manière significative.

Cependant, le niveau de production ne se décrète pas car il découle des capacités de production disponibles. Les cadences de production dans les usines ne sont pas susceptibles d'être accélérées à souhait. Elles tiennent compte des machines existantes et du dispositif organisationnel en place. Dès lors, il apparaît plus évident que l'enjeu de la stabilité des prix par une production suffisante de biens et services dans une économie recouvre aussi les enjeux d'investissement et de planification économique, à l'échelle du pays comme à l'échelle de l'entreprise.

Par ailleurs, il ne suffit pas de produire. Il faut aussi avoir une maitrise effective de la filière allant de la production à la consommation afin de peser réellement sur la stabilité des prix. Si on prend l'exemple d'une denrée alimentaire (même si les produits alimentaires sont exclus de la véritable inflation dite inflation sous-jacente du fait d'une instabilité trop grande de leur prix), la stabilisation des prix doit intégrer toute la chaine de valeur. Autrement dit, il faut maitriser en amont les surfaces à cultiver, les équipements et techniques agricoles sans oublier le facteur humain en termes de disponibilité de la main-d'œuvre et d'expertise. En aval, il faut maitriser des aspects tels que le stockage de la production, le transport et l'acheminement vers les centres de consommation que sont généralement les grandes villes en y intégrant les distributeurs et leur rôle dans la mise à disposition du produit à la portée de la clientèle. Il convient donc d'avoir une vision globale et cohérente des différents paramètres susceptibles d'affecter les quantités produites, la qualité de cette production et les prix tout au long du processus. Dans ces conditions, en principe, les tensions sur les prix découleraient de la perturbation de l'une des étapes de la chaine de valeur ou d'un aspect ou paramètre d'une des étapes de ladite chaine.

L'analyse de l'offre du produit, non au sens du marketing mais sur un plan macroéconomique c'est-à-dire au sens de la production disponible, devrait pouvoir intégrer les différents aspects de la chaine de valeur afin d'identifier précisément le problème sous l'angle conjoncturel pour comprendre ce qu'il se passe sur le marché, ou de manière structurelle pour bien appréhender la nature et la profondeur des réformes à opérer en ce domaine.

3. L'apport de la coopération économique internationale dans le plan de riposte contre la hausse des prix

Dans les pays avancés, la hausse des prix s'analyse généralement et à raison dans le cadre des mécanismes du marché. Il s'agit notamment du rapport entre l'offre et la demande et des facteurs de risques qui perturbent l'une ou l'autre de ces deux variables. On peut, par exemple, citer le cas de la production de l'énergie (pétrole et gaz) en Europe qui a souffert du conflit en Ukraine du fait de la perturbation des circuits d'approvisionnement auprès du fournisseur russe. On peut également citer l'impact des phénomènes climatiques ou autres sur la production de certaines denrées alimentaires. Il y a aussi le cas de désaccords ou de conflits commerciaux qui affectent les prix sur certains marchés. C'est particulièrement le cas du marché pétrolier dont les questions de quotas de production au sein du cartel de producteurs ou de mésententes entre ledit cartel et d'autres blocs économiques conduisent souvent à la fluctuation des cours quand ce n'est pas l'impact direct et souvent brutal d'un conflit armé dans le monde.

Donc, la configuration géopolitique et celle stratégique de la scène internationale influent sur des facteurs de production et même de consommation qui orientent dans un sens ou dans un autre les différents marchés, notamment de biens et services. Par ailleurs, la recherche du profit étant le moteur qui incite à l'investissement pour soutenir la croissance, dans un espace économique international voué à la compétition, l'évolution des prix permet de faire une lecture précieuse de l'environnement international.

Ainsi, il apparaît plus évident que c'est au niveau international, dans les relations bilatérales entre États et surtout au sein des instances internationales créées à cet effet, que la coopération à la fois politique et économique permet de maitriser les facteurs de risque et d'anticiper les perspectives relatives aux tendances de fond de la production mondiale sur les marchés susceptibles d'affecter les échanges internationaux et l'inflation. Il s'agit en fait d'une organisation du monde dans laquelle la liberté économique de produire et de vendre, voire de faire concurrence est garantie tout en veillant à la promotion des outils ou des espaces qui travaillent à la maitrise des facteurs d'instabilité sur les marchés.

En somme, au niveau international, la lutte contre la hausse des prix revient tout simplement à une gestion optimale des foyers de tensions dans le monde surtout lorsque ceux-ci sont en lien avec les sources d'approvisionnement de matières premières ou de production de biens et services prisés par les populations à travers le monde. Elle peut se traduire également par une surveillance efficace des tendances de fond qui structurent l'économie mondiale en termes d'évolution ou de révolution technologique ; en termes de déplacements des capitaux en rapport ou non avec la production ; et en termes d'émergence ou de déclin de marchés de consommateurs.

CHAPITRE VI.

Le développement économique, la question de l'emploi et le développement agricole

1. La question de l'emploi se situe judicieusement entre le développement économique et le progrès social

Au gré des péripéties de l'histoire, et au cœur de l'Afrique centrale, le Congo a appris à comprendre la nécessité de préserver sa stabilité politique pensée comme un ensemble cohérent, solide dans ses fondations institutionnelles et permettant une projection raisonnable dans le futur. Cette stabilité a généralement connu des perturbations liées aux effets récessifs des crises économiques au point de faire de l'économie l'une des principales sources de l'instabilité du pays. La question sociale comme elle est désignée de manière prosaïque constitue, de l'indépendance de 1960 à nos jours, le moteur de toutes les crises politiques. Cette réalité est valable dans plusieurs pays à travers le monde.

Ainsi, malgré l'ingéniosité des constructions politiques tant en ce qui concerne les principes juridiques que les pratiques d'essaimage et d'inclusion des territoires au travers des acteurs émergents, la stabilité politique du pays a souffert de la faiblesse de l'économie en dépit de ses dividendes apparents ou ses embellies conjoncturelles qui en réalité masquent quelques vulnérabilités structurelles persistantes, comme dans nombre de pays en développement. En effet, la transmission des crises économiques à la sphère politique par le canal des difficultés sociales est si rapide que la recherche du modèle économique adéquat constitue une question majeure pour la stabilité politique du pays.

Il ne s'agit pas de construire le modèle économétrique le plus savant, même si la virtuosité intellectuelle dans ce domaine peut être admirable, notamment pour la quête des prix d'excellence académique. Il s'agit de trouver le modèle économique qui en définitive crée le maximum d'emplois car l'emploi est l'objectif le plus précieux de la politique économique, en lien avec la stabilité sociale et institutionnelle du pays. À l'échelle individuelle, chacun peut mesurer l'apport inestimable de l'emploi dans la vie d'une personne, voire de sa famille. Il convient donc, avant la mise en place du dispositif pratique et institutionnel qui conduira au plein-emploi, d'affirmer la priorité de la création d'emplois dans l'articulation des choix de politique économique.

Dans les premières décennies de l'indépendance, les gouvernants avaient intuitivement bien compris l'importance de l'emploi pour la paix sociale et la stabilité d'un pays. Ils y ont répondu par le recours à un emploi massif dans le secteur public, ce qui a permis d'assurer l'insertion professionnelle et sociale de la jeunesse, avec les avantages multiples que l'on a connus sur le plan du bien-être. Cependant, la dégradation de l'économie a rendu ce modèle intenable dans la durée, avec la combinaison de trois facteurs difficiles à concilier : la forte croissance du nombre des jeunes formés, la chute des revenus de l'État et le basculement du monde dans les options néolibérales de l'économie. En clair, l'économie ayant pris le dessus sur la politique, la correction des nombreuses vulnérabilités économiques générées en grande partie par une conjoncture instable tient lieu désormais de politique économique. En cherchant à stabiliser l'économie, on perd de vue la création de richesses, et donc les emplois ou plus exactement, on agit plus indirectement pour l'emploi.

Dans les pays avancés où les capacités de production de l'économie sont éprouvées, la prise en compte de la problématique de l'emploi prend la forme de la correction législative des déséquilibres du marché du travail. En agissant tantôt sur les composantes de la demande et tantôt sur celles de l'offre, l'objectif est de fluidifier les mécanismes du marché du travail. Sur fond de divergence idéologique, les uns réclament davantage de souplesse juridique ou financière pour les entreprises qui embauchent tandis que les autres veulent plus de garanties de même nature. Cependant, il n'en a pas toujours été ainsi lorsque les économies avancées présentaient jadis les mêmes caractéristiques que celles constatées actuellement dans les économies en développement comme les nôtres marquées d'un chômage de masse. Les politiques économiques de cette époque, moins marquées par les idéologies, donnent quelques clés sur le volontarisme politique en matière de lutte contre le chômage.

2 L'agriculture est un facteur de création d'emplois et de développement

L'histoire de la pensée économique, l'histoire des hommes tout simplement et l'observation des expériences contemporaines de réussite montrent que l'agriculture demeure un levier ou un facteur important du développement d'un pays. Secteur économique primordial, il peut assurer des résultats économiques significatifs. Fortement pourvoyeuse d'emplois, l'agriculture attire un nombre important de jeunes et de moins jeunes dans le monde du travail ; elle offre la sécurité alimentaire qui renferme des enjeux à la fois de santé publique, de sécurité publique et de stabilité politique. En cela, pour un pays en développement, il y a derrière le chantier de l'agriculture la question de l'indépendance nationale d'un pays, petit ou grand soit-il. S'agissant de plusieurs pays en Afrique centrale, la dépendance agricole vis-à-vis de l'extérieur s'accompagne d'un appauvrissement plutôt significatif, compte tenu du poids des dépenses nationales liées à l'importation des denrées alimentaires.

L'agriculture, secteur primaire par excellence, est aussi le lieu de l'expérimentation de l'industrie. En effet, bien menée, la stratégie de développement agricole s'appuie généralement sur la mécanisation de la production qui aboutit à l'augmentation significative des quantités produites. L'étape suivante est la transformation locale d'une partie de la production en ayant recours plutôt aux industries légères dans un premier temps, pour des raisons de coût. Ce cycle de transformation résume assez bien le processus de développement économique. Il permet au pays, à partir des étapes successives de la modernisation du secteur agricole, d'enclencher le processus d'industrialisation avec des effets bénéfiques sur les autres secteurs de l'économie.

À la suite de la crise économique de la fin des années 80 qui a rendu exsangues les finances publiques de nombreux pays en développement, la nécessité d'ajuster, sur recommandation des partenaires au développement, les dépenses publiques au faible niveau des recettes, a conduit à une certaine désindustrialisation. Après plusieurs années de retrait du soutien de l'État aux entreprises publiques censées porter ce projet, la réalité du secteur agricole, par exemple, au Congo, se résume en deux chiffres : environ 30 % de consommation couverte par la production nationale en 2010 et le reste par les importations, avec plus de MFCFA 300 milliards dépensés dans les importations des produits alimentaires en 2009. Il n'est pas rare non plus, en parcourant le pays, de constater l'effet des politiques d'ajustement structurel des années 80 et 90 sur plusieurs projets ou entreprises agricoles. Il n'est pas exclu que des erreurs de gestion commises par les responsables de ces unités de production expliquent en partie cette situation. Mais la responsabilité essentielle relève de l'orientation de la politique économique centrée sur l'ajustement budgétaire à un niveau peut-être inadéquat.

Pendant longtemps, l'analyse de la place de l'agriculture dans l'économie ne pouvait se faire sans aborder la question de la dualité entre culture de rente destinée à l'exportation et culture vivrière pour la consommation locale. Le débat consistait ainsi à choisir l'une ou l'autre option. L'opinion généralement répandue est que le choix d'une agriculture vouée à l'exportation a permis, au gré de l'évolution des cours sur les marchés mondiaux, d'engranger des devises au détriment de la satisfaction des besoins alimentaires des populations locales. Une critique portée par plusieurs ONG sans doute précurseurs en matière de luttes écologistes.

En réalité, ce débat, qui traverse tous les pays aux prises avec des stratégies de développement agricole, est à la fois économique et culturel si tant est que les deux aspects soient dissociés lorsqu'on parle d'agriculture. Du point de vue de l'analyse économique, les producteurs de denrées alimentaires s'assurent de l'existence d'un marché viable avant de se lancer dans la production. En fonction des habitudes alimentaires pour la consommation immédiate ou du niveau de l'industrie agroalimentaire pour les produits appelés à subir une transformation, le marché peut exister localement ou à l'extérieur du pays. Il se pose également le problème du circuit de distribution et donc de la chaine de commercialisation des produits agricoles.

Il y a certes la forme traditionnelle de nos « marchés » à étals, mais il faut avouer que cela ne facilite ni la production de masse ni l'identification et la valorisation des produits issus des différents terroirs, tant la question du stockage et celle de la maitrise des différentes filières sont difficiles à résoudre dans ce contexte. En outre, posons-nous sérieusement la question de savoir ce que nous aimons à manger au quotidien. Sommes-nous portés à manger ce qui est produit chez nous ou bien, par effet de mode ou de snobisme, nous voulons à tout prix manger ce qui vient d'ailleurs ? Pouvons-nous produire localement l'essentiel de ce que nous consommons ? Quelle valeur ajoutée pouvons-nous apporter à ce que nous produisons afin de satisfaire la consommation nationale tout en exportant le surplus ? En fait, les agriculteurs du monde entier se posent les mêmes questions, à ceci près que, dans nombre de pays riches, qui souvent ont également un secteur agricole fort, les réponses ont dans une large mesure déjà été trouvées.

3. L'agriculture n'échappe pas également au jeu des relations internationales

L'exemple le plus symptomatique de la place de l'agriculture dans les relations internationales se trouve, à mes yeux, dans la guerre du coton qui a opposé les producteurs africains à leurs collègues américains ou européens par États interposés dans le cadre des négociations de l'OMC. Cette affaire a édifié à plus d'un titre des paysans africains démunis mais sûrs de la qualité de leur coton exigeant la libre concurrence face aux producteurs étrangers portés à bout de bras par de généreuses subventions étatiques. Le multilatéralisme de l'OMC n'a pu, en plusieurs rounds de négociations, venir à bout de cette discorde qui a affecté durablement le climat de confiance au sein de cette instance internationale.

L'agriculture a ainsi été rattrapée par les inévitables rapports de forces dans l'approche des questions internationales, notamment lorsque les intérêts économiques divergent. La vision utopique des échanges économiques au niveau international (le pacifisme, la solidarité vis-à-vis de tous et particulièrement des pays pauvres…) demande des sacrifices économiques parfois très importants que chaque pays, industrialisé ou en développement, analyse à l'aune de sa propre trajectoire de développement économique et social.

Dans le cas du Congo, la réflexion stratégique sur la place de l'agriculture dans le projet de développement du pays semble donner des fruits intéressants. C'est précisément dans ce cadre que s'inscrit la création du fonds de soutien à l'agriculture, instrument financier de l'État pour accompagner les initiatives individuelles ou les structures du monde agricole.

En 2009, l'activité de ce fonds laisse apparaître un montant de plus de 1 milliard au titre des financements accordés. Ce n'est sans doute pas encore assez au regard de l'ampleur des besoins, mais c'est manifestement une orientation importante.

Il va du développement de l'agriculture comme de l'économie en général. L'économie ayant d'abord pour vocation la création de richesses, certains modèles économiques paraissent, à l'expérience, plus efficaces que d'autres à condition de tenir compte du contexte du moment, voire de l'histoire du pays. Les modèles économiques ne sont pas en eux-mêmes pertinents ou pas mais ils sont validés par la pratique en fonction des résultats auxquels ils conduisent les pays qui les adoptent. Ces résultats dépendent également, encore une fois, du contexte et des anticipations plus ou moins rationnelles des différents acteurs. En outre, l'interdépendance induite par la mondialisation oblige désormais chaque pays à tenir compte de l'environnement international pour mener une politique économique donnée. Dans les pays développés, la structuration de l'économie, l'existence d'infrastructures, le niveau de cohérence d'ensemble et le développement déjà atteints facilitent la mise en œuvre de telle ou telle politique économique. En revanche, dans les PVD, les incohérences internes, la faible structuration des mécanismes économiques et parfois de la société elle-même peuvent conduire à des résultats inattendus et insuffisants sur le plan de la création durable des richesses.

L'émergence de la Chine inspire aux analystes l'existence d'un autre modèle fait à la fois de capitalisme d'État et d'initiative privée, dans le cadre d'une transition en douceur vers l'économie de marché après une longue pratique du collectivisme. L'expérience chinoise retient de plus en plus l'attention des pays en voie de développement, notamment en ce qui concerne la construction par l'État des infrastructures de base (routes, chemins de fer, barrages, etc.) envisagée comme base de tout développement. En somme, la théorie économique, qui est souvent le produit de la recherche intellectuelle, doit aussi résister à l'épreuve des faits, en contribuant à résoudre les problèmes concrets de développement. Force est de constater que, pour l'instant, nombre de pays africains tentent de trouver le modèle adéquat.

CHAPITRE VII.

Le développement économique et social s'articule généralement autour de l'alliance entre l'état et les entreprises

1. De l'impact des entreprises sur le développement

Parmi les agents économiques dont les activités ont un impact direct sur l'économie, il y a les entreprises. Elles sont le moteur de l'économie. C'est le dynamisme des entreprises qui détermine la vitalité économique d'un pays. L'observation du phénomène de la mondialisation des économies permet de constater que ce mouvement est porté principalement par les entreprises dont la croissance a rendu inéluctable la recherche d'espaces plus rentables en termes de production et/ou d'écoulement des biens produits.

L'observation des échanges économiques au niveau mondial permet encore de voir que certaines entreprises sont, plus que les canaux diplomatiques et la politique habituels, les meilleurs ambassadeurs de leurs pays. À travers leurs produits, elles conquièrent les consommateurs, confortent la réputation du pays d'origine et cultivent un imaginaire qui évoque de manière très positive les modes de vie et les valeurs culturelles.

La boisson Coca-Cola et le jean Levis ou les avions Boeing demeurent des grands symboles de la présence dans les esprits et donc de la puissance américaine dans le monde. Toyota et le Japon sont indissociables, tout comme Air France, Renault et Peugeot et la France. Que dire des séries télévisées venues tantôt des États-Unis d'Amérique, tantôt de la France ou du Brésil qui ont profondément fécondé l'imaginaire des jeunes à travers le monde et notamment en Afrique ? Aujourd'hui, Nollywood du Nigeria, avec sa production cinématographique excellente, a fait énormément pour l'image du pays et même du continent africain. Les banques africaines, du nord au sud et de l'est à l'ouest, sont devenues de puissants instruments économiques et de marketing pour les pays et pour les promoteurs.

Certes, aujourd'hui, ce même phénomène de mondialisation, à travers la délocalisation de la production et le brassage des personnels et des dirigeants de ces mêmes entreprises, leur donne une identité plus universelle ou simplement du lieu d'implantation, il reste cependant que le grand public les identifie encore souvent au pays d'origine. Les entreprises constituent assurément une force pour l'économie et pour le rayonnement d'un pays. Au-delà des indicateurs économiques, l'émergence d'un pays se remarque dès lors que les enseignes de ses entreprises se multiplient à l'extérieur de ses propres frontières ou lorsque sa présence est visible dans certains emblématiques de l'économie : le transport aérien, l'automobile, la production de machines-outils, le cinéma, etc. Donc pour compter dans les affaires du monde aujourd'hui, il y a à la fois la puissance militaire, la force de sa diplomatie mais surtout le poids de son économie dans la sphère mondiale. Précisément, ce poids économique découle de la présence visible de ses entreprises sur le territoire du monde manifestant ainsi la réussite économique aux yeux du reste du monde. D'autres pays émergent presque silencieusement par la puissance de leur place financière dans le monde ou par leur maitrise des instruments de la force, par excellence, c'est-à-dire les universités, l'armement et le nucléaire.

La visibilité économique au plan mondial passe donc par le nombre d'entreprises exportatrices que compte un pays. En faisant sien ce raisonnement, un pays en voie de développement devrait se poser la question de savoir quel est le nombre d'entreprises, dignes de ce nom, qu'il possède. Et dans ce nombre, quelles sont celles qui sont susceptibles de lui permettre de soutenir efficacement la compétition mondiale. Ainsi donc, les entreprises d'un pays, que leurs capitaux soient nationaux ou étrangers, devraient se mettre en capacité de dominer le marché national. Et les plus fortes d'entre elles doivent pouvoir s'imposer sur les marchés internationaux afin d'aider au rayonnement. Si, en faisant ce décompte, on s'aperçoit que peu d'entreprises émergent, c'est la preuve que le chantier du développement est encore immense. En effet, quoi que l'on pense, le développement sans entreprises n'existe pas. Dans la programmation du développement économique, si le maillon du monde de l'entreprise n'est pas correctement comblé, il y aura toujours une faiblesse structurelle dans le projet national vers le progrès social.

2 Mais de quelles entreprises parlons-nous ?

Dans la construction du développement, le rôle du secteur privé et l'amélioration du climat des affaires sont largement reconnus. Derrière ces concepts, il y a la solidité des entreprises et leur dynamique de conquête de marchés. L'analyse du rôle de l'entreprise doit commencer par quelques fondamentaux en l'absence desquels l'entrepreneuriat est une chimère. En effet, au commencement de toute entreprise, il y a sa constitution juridique et organique qui lui donne la force de sa verticalité. À partir du droit, on peut donc désigner les entreprises.

Les différentes formes de sociétés commerciales répertoriées par le droit commercial, l'OHADA chez nous, ne sont pas simplement un exercice intellectuel. Elles correspondent effectivement à des réalités précises qui épousent au plus près les aspirations des promoteurs. Le désordre juridique, dans la désignation d'une entreprise et, partant, dans son fonctionnement en tant que personne morale, est généralement le premier signe du dysfonctionnement d'une entreprise et donc de sa difficulté de créer de la richesse. Dans certains cas, il peut même devenir une cause majeure des confusions de tous ordres qui conduisent à sa faillite. Les initiatives privées de création d'entreprises, plus ou moins bien orientées au plan commercial, sont parfois affectées par des dysfonctionnements qui bident la gouvernance interne et produisent des contre-performances financières.

La création de richesses par l'entreprise suppose une certaine discipline qui passe par la résolution dans la phase de création, c'est-à-dire en amont de toutes les interrogations sur le fonctionnement juridique. Le renoncement à soi, les nuits blanches et parfois le mois sans le sou dans la phase de lancement, pour faire vivre la personne morale créée, sont essentiels ; le respect du patrimoine social par les propres actionnaires et leur capacité à s'entendre et à partager leurs analyses constituent les prémices de la création de richesse de l'entreprise. C'est une gymnastique de l'esprit qui fait gagner tout le monde : L'État pour les impôts qui découlent des bénéfices réalisés, la société pour l'emploi et les revenus distribués. S'il a été prescrit un capital social pour ces entreprises c'est non seulement pour donner les moyens de son fonctionnement à la nouvelle entité, mais aussi pour pouvoir instituer la communauté de patrimoine entre les prometteurs de société, en guise de solidarité. La philosophie qui fonde cette exigence est, entre autres, l'idée que celui qui crée une société doit être capable de mettre de l'argent de côté ; il doit être patient et intégrer parfaitement la séparation de personnes et travailler à fructifier le patrimoine de l'entreprise.

Après les exigences juridiques, il y a aussi la vision stratégique, les moyens humains, techniques et financiers déployés et, bien entendu, la qualité du déploiement opérationnel dans un exercice équilibré de la gestion des relations avec l'environnement en fonction des forces et faiblesses de l'entreprise, comme cela est enseigné dans les manuels. En tenant compte de l'environnement économique particulier dans un pays en développement, l'entreprise est davantage qu'une entreprise, parce que les marchés sont bien souvent à créer tandis que les difficultés de financement sont légion.

Dans un pays en développement, plus qu'ailleurs, la prospective économique est de mise afin d'analyser correctement les mutations économiques en cours dans le monde. Car au fond, l'économie mondiale évolue sans cesse, « la création destructrice » de Schumpeter faisant son effet. Donc, elle avance avec ceux qui avancent et n'attend pas les économies qui stagnent ou qui manquent les transitions cruciales. Ainsi, le projet de développement économique, c'est aussi de choisir de courir avec les chevaux ou avec les piétons ;

c'est de se donner les moyens de pouvoir choisir de créer de la technologie pour la posséder ou de suivre les évolutions impulsées par d'autres. Certaines entreprises doivent revêtir un caractère stratégique pour le développement. Elles doivent être créées pour exister dans les secteurs vitaux, avec tous les moyens humains, financiers et l'expertise nécessaire pour s'imposer dans le secteur. Pour ces entreprises, le capital peut être suscité ou arrangé par l'État. Et quand un État ne peut le réaliser tout seul, une alliance stratégique avec un autre État peut s'avérer indispensable. À titre d'exemple, il existe plusieurs entreprises en Europe qui sont issues de ce type d'associations, à l'instar de AIRBUS. En Afrique, on a connu jadis AIR AFRIQUE dont la création procédait de la même démarche stratégique. Donc, le questionnement basique du développement, c'est également de se poser la question de savoir avec quelles entreprises on fait le développement du pays. Il faut désigner les champions ou du moins les sélectionner pour les aider, y compris avec des moyens publics, à réussir.

Les responsables des secteurs décisionnels susceptibles d'impacter l'économie doivent garder une attention soutenue tant sur l'économie mondiale que sur la manière d'aligner l'économie nationale vers les secteurs à fort potentiel. Il convient également de ne pas perdre de vue les intentions et les projets des acteurs significatifs du jeu économique national.

Les pays développés eux-mêmes ont dû opérer souvent des changements de cap pour réorienter leurs économies dans une direction qu'ils croyaient porteur d'avenir. C'est ainsi que dans plusieurs pays industrialisés, des régions entières, jadis prospères à la grande époque du charbon, se sont trouvées plongées dans la désolation à la suite de l'abandon du même charbon comme principale source d'énergie. Aujourd'hui, certains de ces territoires sont encore marqués par le chômage quasi endémique, faute de transformation suffisante de l'économie locale pour s'adapter à la nouvelle donne. Heureusement que dans ces pays, d'autres régions ont su anticiper les évolutions pour trouver des pôles de croissance en phase avec la réalité économique du monde et avec les nouvelles aspirations des consommateurs. Ce qui est arrivé dans ces régions dont certaines sont aujourd'hui sinistrées est la preuve de l'impact négatif des lenteurs dans l'adaptation de l'appareil de production aux évolutions économiques empiriques. C'est le coût de la transition que chaque pays en retard est appelé à assumer, quand il n'invente pas lui-même les technologies de l'avenir.

Dans un pays en développement, le coût de la conversion est d'autant plus important qu'il n'invente pas la technologie mais doit l'acquérir parfois à grands frais, tout en payant le prix de l'impasse des programmes mis en échec par des chocs exogènes ou internes. Cela pourrait correspondre à un après-pétrole mal préparé ou à un arrêt brutal de la coupe du bois ou de l'exploitation des matériaux rares du fait de la conversion définitive du monde aux thèses écologistes les plus avant-gardistes, pour ne pas dire radicales.

Donc, une sorte de veille est nécessaire pour lire l'évolution de l'économie du monde. Bien plus que l'analyse de la conjoncture mondiale qui nous sert d'aiguillon pour certaines décisions de nature économique et financière, il s'agit ici de décrypter les tendances de fond ou les changements profonds de la nature même des économies partenaires. C'est dans ce cadre que nous devons apprécier les capacités réelles de nos entreprises pour en faire des instruments de développement.

C'est un va-et-vient à trouver entre les analystes, les politiques et les promoteurs de sociétés. Les séminaires doivent devenir utiles et servir à cela, par exemple. Au-delà du manque de vision stratégique de certaines entreprises, il y a les problèmes plus immédiats de déficit de structuration interne qui rendent, par exemple, l'accès au financement bancaire plus difficile conditionnant ainsi ces entreprises pour l'échec.

Fonder une stratégie de développement sur les entreprises est certainement l'option la plus crédible pour aller vers le progrès. Mais encore faut-il répondre à quelques questions. Quelles sont nos entreprises ? Dans quel état se trouvent-elles ? En prenant comme exemple la situation des Petites et Moyennes Entreprises (PME) – dont le rôle dans l'économie n'est plus à démontrer tant il est décisif notamment en ce qui concerne l'emploi –, nous pouvons tirer des enseignements sur le travail à faire. Il est de notoriété qu'une partie importante de nos économies se déroule encore dans l'informel. Cependant, même des structures constituées en apparence comme des entreprises ou sociétés connaissent dans la réalité un fonctionnement qui les ramène à l'informel. Il y a donc à gagner le pari de la conversion de cette économie souterraine pour faire gagner toute la société. Du fait des programmes d'ajustements structurels et peut-être par souci d'efficacité, nous avons fait le choix de donner toute sa place à l'initiative privée. Mais cette option ne devrait pas nous enfermer dans un certain attentisme vis-à-vis des entreprises. Des initiatives sont possibles pour faciliter, orienter et aider afin de s'assurer que, globalement, l'efficacité est au rendez-vous par rapport à nos objectifs de développement.

3. La problématique de la progression des Petites et Moyennes Entreprises (PME) pour l'émergence économique

Ainsi que nous l'avons vu plus haut, les problèmes qui se posent aux Petites et Moyennes Entreprises opérant dans nos pays en développement sont de différents ordres. Certes, l'initiative privée s'accommode mal de toute idée d'encadrement coercitif, perçue comme de nature à brider son élan. Mais en l'espèce, un accompagnement s'impose. En effet, dans un contexte où le sous-développement signifie que toutes les bonnes idées n'ont pas encore été éprouvées, il y a lieu de rechercher inlassablement les solutions et les standards susceptibles d'accroitre les performances de nos entreprises. Dans cette optique, la création par l'État des centres de gestion des entreprises, notamment des entreprises publiques, a permis de prendre en charge, soit de manière directe, soit sous forme de conseils, les différentes problématiques de gestion des entreprises. En termes de politique publique en faveur des PME, il y a le choix entre le laisser-faire pour faire émerger les plus fortes ou bien accompagner le maximum d'entre elles afin d'espérer une moisson plus abondante.

Dans plusieurs pays en développement qui n'émergent pas encore, la PME est comme une personne malade que l'on doit d'abord soigner avant de lui demander ensuite de déployer son potentiel socio-économique. Et les soins recouvrent à peu près toutes les parties de son corps : les yeux pour restaurer sa vision stratégique, les nerfs et le cœur pour dynamiser les organes de décision et de gestion, les pieds pour aller à la conquête des marchés, les bras pour saisir des clients, une bonne hygiène corporelle en guise de comptabilité fiable. Et, bien entendu, des vêtements décents, voire éclatants, pour ses atouts externes.

C'est après cela qu'elle retrouvera sa vigueur, sa confiance et une parole forte et des capacités pour agir.

Le Centre de gestion des entreprises (CGE) apportera une assistance technique aux PME. Elle pourra ainsi, à partir d'une expertise nationale certainement disponible, corriger ses insuffisances laissées en l'état qui bien souvent expliquent les faillites. C'est un véritable challenge pour les jeunes cadres talentueux, formés aux métiers de l'entreprise et admis dans ce centre, qui auront ainsi l'occasion de donner la pleine mesure de leurs moyens. Ce nouvel instrument aura en fait la mission fondamentale d'opérer la transformation entrepreneuriale dans le pays en faisant sortir de l'informel nombre de structures de production. Le centre offrira un guichet technique de remise en forme pour les entreprises existantes. Il devrait, à mon sens, être le passage obligé pour toute PME souhaitant recourir aux financements du fonds de soutien aux PME. Dans la même optique, l'assistance apportée par le centre rendra les entreprises concernées plus aptes à solliciter les concours bancaires. Avec une organisation plus efficiente et une stratégie de développement claire, les PME obtiendront probablement davantage de crédits bancaires. Dans le cadre de la coopération avec les partenaires au développement (FMI et BM), le Centre de gestion des entreprises, ou un autre outil public qui fait office de la même mission, devrait être considéré comme un atout important dans la chaine de création de valeurs au niveau national. En effet, le CEG sera un service public au service de l'initiative privée dans le pays. Service qui sera plus ou moins marchand et dont l'impact sur le monde des affaires devrait être positif.

CHAPITRE VIII.

Le développement économique et social, l'apport de l'ouverture internationale et la constitution des ensembles économiques

1 L'ouverture économique au monde pour se donner plus de marges de manœuvre

Très souvent, nous avons une perception inexacte, voire erronée, des relations internationales et donc des mécanismes, complexes mais immuables, qui les sous-tendent. L'ouverture au monde offre un champ de coopération très large. Mais chacun y va en cherchant d'abord à préserver ses intérêts propres, dans un consensus sur le maintien des équilibres qui stabilisent le monde. La globalisation de l'économie n'a pas fondamentalement fait basculer les relations internationales sur une logique autre que la préservation de la stabilité. Simplement, ses résultats économiques ont fait émerger plus rapidement de nouvelles puissances économiques à l'échelle du monde. D'où une impression de rééquilibrage des forces à travers des voix rendues plus audibles par la force du bond économique des pays émergents. Malgré ce changement, il reste que les pays développés négocient les nouvelles règles de la stabilité internationale avec le maintien d'un avantage déterminant par le biais de leurs entreprises multinationales, tandis que les autres pays jouent sur d'autres ressorts. Les pays en développement en appellent à la solidarité internationale, les pays émergents revendiquent une reconnaissance de leur nouvelle position sur l'échiquier économique internationale. Il y a donc d'un côté, la réalité économique du monde et de l'autre, une tentative de construction d'un idéal plus ou moins commun. Sur cette scène, les pays pauvres y vont généralement avec les États car l'immensité de la richesse brute du potentiel économique ne fait pas la puissance économique. Il résulte que l'échange n'est pas souvent aisé car l'État réclame le respect au nom de la souveraineté quand l'entreprise pense et agit « business ». Souvent, les entreprises internationales apparaissent très fortes pour les États en développement qui les reçoivent. Cette inégalité de positions due à la puissance économique des grandes entreprises, notamment en raison de leur impact sur la question de l'emploi, n'est pas l'apanage des pays en développement. Elle se constate aussi dans les pays industrialisés où les élus locaux et les décideurs politiques accordent à raison une attention prioritaire à la question de l'emploi sur leurs territoires géographiques et administratifs.

Donc, le champ économique international est par définition traversé par beaucoup de contradictions. Les sujets qui de prime abord font l'unanimité sont rares. La stabilité est généralement obtenue au prix de la négociation. Par conséquent, dans un tel contexte, les entreprises et même les pays se retrouvent de fait en compétition. Et d'ailleurs, on parle de compétitivité de l'économique pour définir la capacité du pays à s'imposer sur la scène économique mondiale. Même lorsque des ensembles économiques se forment, le but visé n'est pas de gommer la compétition entre les entreprises, mais bien au contraire de la renforcer et de la rendre plus fluide, c'est-à-dire plus naturelle à travers les règles et des standards communs.

Dans cette période du développement accéléré du commerce mondial, excepté les parenthèses de diverses crises, les entreprises internationales, avec les équipes qui les incarnent, sont perçues comme la solution la plus rapide au décollage économique, grâce à l'investissement direct qu'elles représentent. Cependant, dans nos contrées en quête légitime d'émergence économique, il est bon de comprendre que les investisseurs ne viendront pas investir chez nous parce que nous les aurions appelés à cor et à cri, ni même parce qu'ils seraient soudainement gagnés par une philanthropie irrésistible. D'ailleurs, derrière l'arrivée de ces entreprises dans un pays en développement, il y a un processus rationnel de décisions géré en amont par leurs organes de décision respectifs ou même par leurs banquiers qui les accompagnent dans ce projet. Car rares en effet sont les particuliers ou les entreprises qui misent leurs fortunes personnelles ou leurs capitaux d'emprunt dans la conquête de nouveaux marchés, a fortiori lointains, sans s'entourer de garanties nécessaires. Au désir exprimé par les partenaires étrangers de gagner de l'argent en investissant chez nous, nous devons nous-mêmes, à travers l'administration bien sûr, mais également en comptant sur leurs contacts locaux, entrer dans ce partenariat avec des idées claires, notamment sur le véritable profit que le pays en tire pour l'emploi et vraisemblablement aussi pour les petites et moyennes entreprises locales. Il ne s'agit pas de multiplier les obstacles pour décourager les quelques investisseurs, qui déjà ne sont pas en nombre suffisant. Il s'agit de mesurer que, dans chaque relation économique avec les investisseurs, le niveau de gains attendus pour l'économie doit être raisonnablement connu.

Les entreprises des pays avancés viennent dans les pays en développement pour les mêmes raisons qui pousseraient celles des pays en développement à faire le chemin inverse, c'est-à-dire l'espérance de gains supplémentaires et de réussite. Nous avons appris que deux critères sont déterminants pour décider un investisseur à investir : c'est le risque attaché à son investissement et la rentabilité qu'il espère. La rentabilité, c'est l'affaire de l'investisseur qui doit faire ses prévisions afin de s'engager en toute connaissance de cause. En ce qui concerne l'évaluation du risque, il doit donc faire un travail d'analyse préalable suivant les informations disponibles. Le pays d'accueil de l'investissement doit également prendre sa part dans la réussite de l'investissement à travers notamment la création ou l'amélioration de l'environnement du projet ou le climat des affaires. En l'occurrence, cela regroupe beaucoup de choses : les lois et règlements du pays pour rassurer, la stabilité institutionnelle et, plus généralement, le cadre de vie (conditions de logement, performances des structures de soins, qualité du système éducatif aussi bien pour les enfants des expatriés à scolariser que pour un éventuel recrutement local, etc.). En somme, c'est paradoxalement le niveau de développement du pays qui détermine en grande partie le choix des investisseurs. Ce n'est donc pas un hasard si ce sont les pays développés qui attirent le plus grand nombre d'investisseurs étrangers. En fait, l'investissement étant un pari sur l'avenir, le doute est ici son meilleur ennemi, en ce sens qu'il dégrade la perception de la rentabilité du projet.

Ainsi donc, pour être plus attractifs, nos pays en développement doivent nécessairement d'abord atteindre un certain niveau de développement. Il y a une part incompressible de l'effort qui doit être fait par le pays. En cela, les investissements publics massifs dans la mise en place d'infrastructures de base sont indispensables. L'orientation prise par plusieurs pays en développement dont le Congo dans cette direction pourrait constituer une approche bénéfique pour le déploiement des politiques économiques efficaces. Car sans l'eau, sans l'électricité et le téléphone partout, sans des routes bien construites et sûres reliant tout le pays, sans les hôpitaux et écoles de bon standing, sans hôtels confortables au moins dans les grandes villes du pays et enfin, sans la pleine sécurité physique et juridique, l'enracinement du développement économique et celui des entreprises qui le font peut s'avérer particulièrement laborieux. Les approches discursives sur les atouts du pays en développement peuvent difficilement porter des fruits conséquents dans cette hypothèse. Sauf, à miser sur les petits commerces de gestion de pénurie et sur les petites structures import-export qui semblent insensibles à l'environnement et qui ne déterminent pas une transformation structurelle de l'économie, l'option du développement infrastructurel adoptée par plusieurs pays est de nature à déclencher une dynamique positive pour le développement en y incluant indiscutablement les voies ferrées pour le transport de marchandises.

2 La pression des ONG pour stimuler et maintenir une forme de vigilance

Le développement économique et social à l'époque contemporaine se fait nécessairement sous l'attente pressante des populations au sein desquelles peuvent émerger des cellules constituées de personnes qui se spécialisent dans la surveillance des actions de développement. C'est dans ce cadre que s'inscrit le travail des Organisations non gouvernementales (ONG). Comme il faut bien commencer quelque part, elles choisissent leur secteur d'intervention et les causes qu'elles souhaitent défendre en priorité. Il est vrai qu'on aimerait parfois les voir embrasser certaines causes, au regard de la réussite de la médiatisation de leurs sorties sur le terrain. Il faut en effet reconnaitre qu'elles savent se faire aimer des médias en mettant en avant des sujets généralement humanistes. Certaines ONG sont manifestement des cercles de réflexion politiques, avec des œuvres qui peuvent présenter un caractère partisan sur le plan politique et qui naturellement en retour suscitent des réactions de nature politique. Les secteurs, où l'action des organisations non gouvernementales, notamment étrangères, pourraient s'exprimer sont nombreux. On peut citer pêle-mêle : la construction de prisons modernes et l'assistance de toute nature apportée aux prisonniers pour rester sur la question des droits de tous. On peut citer aussi toute forme de vigilance désintéressée sur le plan socio-économique au profit des populations vulnérables : l'aide aux orphelinats, le combat pour la construction de forage d'eau en milieu rural, les dons de médicaments, le soutien aux immigrés en difficulté dans les pays d'accueil, etc. Comme on peut le voir, les sujets susceptibles de mobiliser la générosité humaine au travers des ONG sont nombreux dans un pays en développement car les urgences sociales, les situations humainement insoutenables liées généralement à la précarité économique ne manquent pas.

L'instrumentalisation de l'action humanitaire à des fins autres qu'humanitaires peut naturellement créer de la suspicion et le rejet. C'est pourquoi les humanitaires nombreux et souvent philanthropes, lorsqu'ils interviennent hors de leur pays d'origine, doivent aussi intégrer cette forme de critique et de sensibilité dans le regard des bénéficiaires. L'humanitaire en effet est salutaire. Elle soulage beaucoup de personnes dans le monde qui autrement seraient véritablement perdues. Mais l'humanitaire, c'est aussi une vocation. Et, la vocation est encore plus nécessaire lorsqu'on souhaite partir de chez soi pour agir aux quatre coins du monde. Il peut arriver parfois que ceux qui partent aider n'aient pas pris le temps de s'aider eux-mêmes. Car sincères et innocents mais trop jeunes dans la vie pour éviter le piège de l'aveuglement par l'ambition ; et tantôt, dans l'âge adulte et aguerris par la vie, mais trop blessés et écorchés par la même vie pour trouver le souffle spirituel nécessaire pour les autres car eux-mêmes en ont tant besoin. Cependant, il est vrai que le sous-développement et le développement produisent indistinctement les nécessiteux de l'action humanitaire qui est au fond une manifestation noble de l'amour du prochain lorsque ses actions sont sincères. L'élan de cœur qui s'est exprimé sous nos yeux devant le drame (séisme) vécu par Haïti est spontané et vraisemblablement sincère. Et naturellement, ce n'est pas le cas partout dans le monde.

Autant l'humanitaire, aux côtés des personnes qui souffrent concrètement et bien souvent physiquement, est louable, autant lorsque les organisations non gouvernementales donnent le sentiment de s'enliser dans le militantisme politique, les critiques négatives de leur action se font jour. C'est notamment le cas, par exemple, lorsqu'elles n'hésitent plus à ester en justice dans les capitales de leur propre pays contre la corruption supposée commise dans des pays lointains.

Dans la mesure où il peut être difficile de dire si ces actions sont totalement dénuées d'arrière-pensées sur la cartographie politique de certains pays, alors le noble travail des ONG pourrait susciter de la suspicion, d'autant plus que les actions judiciaires dans le sens inverse sont rares, voire inimaginables. Tout compte fait, la grande ambition du changement des conditions de vie des populations portée par le développement économique se renforce ou s'affaiblit avec le travail des ONG selon que celles-ci sont sincères ou pas sur leurs objectifs réels.

3. L'intégration économique, malgré ses contraintes, pour mutualiser les efforts

Le développement économique et social étant à la fois une question de potentialités que d'expérience pratique dans les actions qui y concourent, l'environnement au sens de ce qui environne l'espace géographique du pays peut augmenter ou, au contraire, fragiliser les atouts de celui-ci. C'est pourquoi, l'espace géographique voisin est souvent perçu comme le prolongement naturel des capacités de ses entreprises, en termes de marchés potentiels et parfois d'implantations de ses fournisseurs. De cette réalité géostratégique à laquelle s'ajoutent la volonté politique et le parcours historique, les pays conçoivent l'idée de se regrouper avec d'autres. Les ensembles ainsi créés peuvent être simplement de vastes marchés pour le commerce des biens et services, des lieux de coopération économique renforcée autour de projets spécifiques ou encore des regroupements visant de manière explicite l'intégration économique et monétaire des États, voire la constitution de fédéralisations politiques. En Afrique centrale, plusieurs pays ont choisi la constitution d'un espace économique et monétaire commun. C'est le cas de la Communauté économique et monétaire de l'Afrique centrale (CEMAC) qui est à la fois un projet politique, économique et monétaire, sur la base d'une histoire politique partagée notamment sur plus d'un demi-siècle et sur une aire culturelle en grande partie commune. Le caractère laborieux du processus d'intégration économique a pu donner l'impression d'une marche commune difficile, parfois d'un mimétisme par rapport à d'autres régions du monde qui nous servent généralement de référence. Mais tout compte fait, le choix de l'intégration s'est imposé de manière objective dans la mesure où les pays avaient déjà la même monnaie. Le réalisme économique a donc manifestement pris le dessous sur toute autre considération. Cette perspective d'intégration est clairement perçue par les entreprises des six États membres qui sont le Cameroun, la République centrafricaine, le Congo, le Gabon, la Guinée équatoriale et le Tchad. Ces entreprises exportent déjà quelques produits issus des petites industries en tirant profit de l'existence d'institutions communes dans la sous-région.

Sous d'autres cieux en Europe, le réalisme économique a contraint la France et l'Allemagne, longtemps en situation de rivalité marquée périodiquement par des affrontements armés, à unir leurs forces, non seulement entre elles mais aussi avec d'autres pays voisins, au sein finalement de l'Union européenne. L'Allemagne et la France, toutes deux grandes puissances industrielles, riches d'une histoire souvent glorieuse ou glorifiée, mais en définitive, ouvertes à l'idée de l'intégration pour se renforcer et continuer à compter dans ce nouveau monde où seuls les grands espaces économiques peuvent dominer l'économie et réussir. Nul doute que cet exemple a inspiré d'autres pays à travers le monde, et notamment ceux de l'Afrique centrale. Bien que les conditions historiques et politiques ne soient pas les mêmes, la consolidation des États-Unis d'Amérique en tant que nation fédérale, avec en son sein des États dont plusieurs sont des puissances économiques de rang mondial illustre également la puissance du projet communautaire en matière de développement économique et social et, peut-on ajouter, de rayonnement dans le monde. Face à ces choix, il devient presque inquiétant pour certains pays subsahariens de demeurer dans une conception solitaire du développement. Le regroupement dans les ensembles économiques apparaît de plus en plus relever de l'instinct de survie afin d'échapper à la domination des facteurs de risque et rompre avec la spirale des résultats mitigés.

En sortant de l'argumentaire purement économique sur l'optimisation des performances et une meilleure allocation des ressources dans un espace intégré, industrialisé et concurrentiel, les arguments plus accessibles de l'histoire et de la géographie militent pour l'intégration de la région Afrique centrale. La géographie de la sous-région est un argument *massue* en faveur de la marche vers la création d'un espace communautaire, le pays des Africains du centre. Garoua Boulaï, ville frontière coupée en deux, frontière purement symbolique entre le Cameroun et la République centrafricaine ; Kiossi, ville carrefour, un carrefour des peuples « Fang » entre le Cameroun, la Guinée continentale et le Gabon ; Ouesso au Congo, chef-lieu de la région de la Sangha, un autre territoire habité en partie par les « Fang » faisant la jonction entre le Congo et le Cameroun ; Impfondo, chef de la région de la Likouala au Congo où l'on parle aussi bien le lingala que le Sango centrafricain car les départements centrafricains de la Sangha-Mbaéré et de la Lobaye ne sont pas loin ; les villes de Kousséri, dans le département de l'extrême nord du Cameroun et celle de N'Djamena au Tchad, malgré le pont de Ngueli, se regardent fraternellement ; que dire des liens nombreux et évidents entre le département gabonais du Haut-Ogooué et ceux de la Cuvette-ouest et de la Cuvette au Congo ? Bien entendu, cette énumération n'est pas exhaustive et notamment parce qu'elle n'intègre pas la proximité culturelle entre le nord de la Centrafrique et le sud du Tchad ou entre le sud-ouest du Congo et le Gabon. Ce vaste ensemble de plus de trois millions de km^2 pour une population de plus de cinquante millions de personnes a vocation à s'unir et probablement à s'étendre au-delà.

L'espace communautaire est donc le prolongement naturel de nos territoires nationaux. Si l'histoire et la géographie ne suffisent toujours pas à susciter un supplément de désir d'intégration, alors que le réalisme économique l'emporte sur toute autre considération ! Dans la conception libérale de l'économie, à laquelle a adhéré la quasi-totalité du monde entier, y compris la sous-région Afrique centrale, le marché occupe une place importante. Précisément, le nombre relativement faible des populations de chacun des pays membres pris individuellement oblige à entrevoir le développement dans le vaste espace offert par la sous-région ou par toute la région Afrique centrale. Bien entendu, tout ceci n'étant qu'une étape vers une vision continentale du marché pour les entreprises de la région.

Par ailleurs, tous les pays de la Communauté CEMAC sont producteurs de matières premières. C'est pourquoi il n'est pas souhaitable d'organiser une sorte de mise en commun des ressources brutes en demandant à chaque pays de se spécialiser sur une production donnée en laissant le reste aux autres. Il s'agit plutôt d'organiser, à l'intérieur de l'espace communautaire, une vraie compétition économique, non pas sur les matières premières brutes, mais sur les produits manufacturés et sur les services. La réalisation de cet objectif a comme préalable le dynamisme des PME et PMI mieux à même de porter l'implantation durable des industries légères, en attendant l'étape indispensable des industries lourdes à venir.

Dans la vision d'un espace unifié, la construction des routes est une priorité absolue. Les États de la sous-région l'ont bien compris en mettant en place, avec l'aide notamment des partenaires techniques et financiers étrangers et des institutions internationales, des projets intégrateurs et des routes à vocation sous-régionale censées avoir un impact décisif sur la libre circulation des personnes et des biens.

La construction sous-régionale, en Afrique centrale comme ailleurs, s'appuie fortement sur des institutions qui caractérisent la communauté en même temps qu'elles préfigurent l'idéal d'intégration. En ce sens, la Commission de la CEMAC, qui constitue en fait le début de ce qui pourrait devenir à terme le gouvernement de l'Union, matérialise cette idée. Les autres institutions et des règles étant disponibles sur les sites internet, il n'est pas nécessaire d'y revenir. Cependant, dans la mesure où la structuration de la Communauté économique dépend en grande partie des institutions de nature monétaire, il m'apparaît important, naturellement sans entrer dans le fonctionnement interne de l'institut d'émission commun, de faire une analyse des contraintes objectives de la gestion d'une institution de cette nature.

4. Une Banque centrale commune pour la stabilité monétaire, avec ses contraintes spécifiques

La Banque centrale commune aux six États membres de la Communauté économique et monétaire de l'Afrique centrale ainsi que la monnaie qu'elle émet (le franc CFA d'Afrique centrale) sont des éléments essentiels du dispositif d'intégration en Afrique centrale. Ils font l'objet de commentaires, observations et critiques multiformes depuis quelques années car dans l'esprit du public, ils sont au cœur du réacteur économique de la sous-région. Ce qui n'est pas totalement vrai ni totalement faux. Il conviendrait, pour être plus en phase avec la réalité, d'une part, de tenir compte de la place des États dans la conduite de leurs affaires économiques notamment en matière de politique budgétaire et, d'autre part, de reconnaitre le rôle majeur que joue une Banque centrale, mais spécialement dans son domaine exclusif de compétence, c'est-à-dire la gestion de la monnaie. L'immensité et la complexité d'un tel rôle appellent l'attention du public, et c'est plutôt sain. Outre les considérations qui relèvent de l'émotion ou qui se situent sur un champ autre que l'économie, le sujet de fond que posent confusément ces interpellations concerne en réalité l'efficacité de la politique conduite par l'institut d'émission communautaire. Des éléments pour une meilleure compréhension des problématiques gérées par la Banque centrale sont régulièrement publiés sur son site. Ils sont donc publics. Les décisions prises, les performances réalisées et différents rapports réalisés par ses services techniques sont publiés. Dans la présente analyse, qui est un point de vue personnel et qui n'a pas vocation à engager la Banque centrale, nous faisons modestement l'hypothèse qu'il convient de clarifier davantage plusieurs points. Ils portent sur les objectifs assignés à la Banque centrale et sur les contraintes liées à son fonctionnement, et qui sous-tendent à la fois sa gouvernance et sa crédibilité à l'égard des différentes parties prenantes internes, régionales et internationales.

Comme toute institution, la Banque centrale est avant tout une construction, c'est-à-dire une convergence des volontés, un ensemble de choix et un aménagement des équilibres en vue de refléter des objectifs clairs. La dimension régionale de la Banque des États de l'Afrique centrale, du fait de son appartenance à six États qui cohabitent avec un partenaire stratégique et technique externe, pourrait être une source de complexité. Cependant, cette difficulté est maitrisée par la clarté des textes organiques et, plus encore, par la volonté politique de concrétiser l'intégration économique afin d'accélérer le processus de développement à l'échelle de la région.

La Banque centrale sous-régionale, mise en place avant les indépendances nationales mais qui a perduré au-delà de celles-ci, est le fruit d'une coopération économique et monétaire entre, d'une part, les États membres et, d'autre part, entre ceux-ci et la France. Comme tout accord qui s'inscrit dans le temps long (la BEAC approche la cinquantaine d'âge), des ajustements peuvent s'avérer nécessaires selon l'angle d'analyse choisi. Toutefois, il convient de ne pas perdre de vue l'essentiel, à savoir que la Banque centrale demeure un puissant outil d'intégration sous-régionale et un instrument de stabilité économique au service du développement économique et social des pays membres. Ainsi, l'analyse de la philosophie ou de la portée des objectifs poursuivis par notre Banque centrale (1) ainsi que des contraintes objectives qui sous-tendent son organisation et son fonctionnement (2) peuvent aider à une meilleure compréhension de ses décisions et des logiques qui les sous-tendent.

5. Les objectifs poursuivis par la Banque des États de l'Afrique centrale (BEAC)

En ce qui concerne les objectifs poursuivis par la BEAC, on peut considérer qu'il y a d'une part, des objectifs qui relèvent de la mécanique interne d'une politique monétaire à travers la distinction entre les objectifs finaux en termes de taux d'inflation et de taux de couverture extérieure de la monnaie et des objectifs intermédiaires qui servent de variables pour atteindre les objectifs finaux et, d'autre part, l'objectif difficilement quantifiable a priori du soutien à l'économie. Il apparaît ainsi que les objectifs de la Banque centrale intègrent aussi bien l'action de la Banque centrale dans son domaine réservé c'est-à-dire des décisions sur la monnaie et pour la monnaie afin d'en assurer la valeur ou la crédibilité et les décisions qui débordent le cadre strictement monétaire pour donner une orientation à l'économie à travers précisément le soutien à la croissance économique. Alors que dans le premier cas, il s'agit de coller à l'orthodoxie pour assurer la réputation de la Banque centrale en cultivant jalousement une certaine indépendance vis-à-vis des pouvoirs publics, dans le second cas, l'action peut affecter l'orthodoxie admise pour se rapprocher des attentes des pouvoirs publics sur le plan de la stimulation de croissance économique et de la création d'emplois notamment.

La principale difficulté pour la mise en œuvre simultanée de l'objectif de stabilité monétaire ou de lutte contre l'inflation et celui de soutien à la croissance économique se situe autant dans la nature contradictoire des deux objectifs que dans l'affirmation inégale de leur force respective dans les textes organiques. À cela, il convient d'ajouter que la surveillance internationale des politiques monétaires et économiques par le Fonds monétaire international et la nécessité (pour une Banque centrale regroupant de petits pays à l'échelle du monde) d'exister sur le plan international par une réputation parfaite, notamment à travers les principes et dogmes communément reconnus, peuvent entrainer, dans les cas extrêmes, une surenchère dans la mise en œuvre du resserrement monétaire. Elle peut aussi, au pire des cas, conduire à un découplage durable et parfois injustifié entre la politique monétaire et les objectifs économiques et sociaux du développement qui suggèrent généralement le desserrement des conditions monétaires. C'est pourquoi le volet analytique de la politique monétaire qui éclaire les décideurs monétaires sur la réalité de l'économie, la fiabilité des statistiques sur la croissance et sur les indices de développement industriel, par exemple, et sur la création d'emplois constituent des outils particulièrement précieux dans ce contexte. Par ailleurs, le volet analytique de la politique monétaire renseigne quant à la réalité de la transmission de la politique monétaire à l'économie, ce qui permet avec quelques précautions d'indiquer le degré de son efficacité.

En somme, il y a des objectifs qui relèvent du processus de crédibilisation par un alignement sur les standards qui font la réputation dans le cercle des Banques Centrales prises au sérieux à l'international. Ces standards, qui vont de la doctrine aux règles de décision en matière de gestion d'une monnaie, constituent un gage de stabilité et un atout particulièrement important sur le plan de la perception des pays membres de la zone monétaire par l'extérieur. Il s'agit en fait du credo des Banques Centrales modernes façonnées tant par les théories monétaires reconnues que par la pratique du pilotage d'une monnaie ou d'une union monétaire, au travers des crises mondiales successives rencontrées depuis au moins deux décennies. Cependant, si l'attachement à l'orthodoxie et le maintien de la réputation permettent de préserver la crédibilité, il convient d'affirmer également que la recherche de la croissance économique, et donc la création de richesses par le secteur réel, représente également une attente majeure pour les pouvoirs publics et les populations des pays membres. Il reste que les attentes du public sont parfois exprimées confusément (sans aucune connotation péjorative) sous la forme de critiques acerbes des institutions financières et témoignent d'une certaine impatience de la société face aux conditions sociales que les programmes de développement ne transforment que lentement.

En réalité, en comparant les déclarations des Banques Centrales avec les annonces et les projets formulés par les pouvoirs publics étatiques, les objectifs de la Banque centrale apparaissent fréquemment comme une ligne de fracture entre les banquiers centraux et les représentants des États membres, particulièrement en temps de crise. En effet, en toile de fond se trouve la question de la légitimité desdits objectifs en rapport avec le contexte économique. Cette différence de points de vue est saine pour le débat et pour la pertinence des décisions concertées qui en découlent. La divergence d'analyse, bien qu'étant utile, peut, dans certains cas des relations entre les gouvernants des politiques budgétaires et ceux des politiques monétaires, déboucher sur une confrontation de deux logiques, l'une exclusivement monétaire et l'autre essentiellement économique. Dans ce débat, les uns revendiquent l'indépendance de la Banque centrale et donc leur indépendance décisionnelle en tant que dirigeants de l'institut d'émission suivant les termes du mandat de la Banque centrale, tandis que les autres, tournés vers le développement et le long terme, réclament régulièrement un soutien plus important à l'économie en vue d'opérer de véritables transformations structurelles susceptibles d'élever les capacités de production, notamment du secteur privé.

À cet égard, il me semble que des statistiques disponibles et fiables sur chaque aspect significatif des problématiques économiques qui impliquent la Banque centrale pourraient permettre de sortir des postures au demeurant légitimes mais qui peuvent induire des écarts d'analyse par rapport à la réalité. Elles peuvent contribuer à créer une convergence naturelle des points de vue en créant une légitimité complémentaire fondée sur le principe de réalité. L'accumulation, depuis plusieurs années, des réformes d'ordre organisationnel donne à penser que les mauvaises décisions sur le pilotage économique sont exclusivement le fruit des erreurs des dirigeants des institutions financières ou de l'insuffisance des procédures censées encadrer leurs actions. Cette situation est un voile qui empêche de saisir la véritable problématique qui est que les économies des pays de la Communauté économique et monétaire, en développement et donc faiblement industrialisés et plutôt fragiles face aux chocs généralement exogènes, sont soumises à des trajectoires instables, en dépit des efforts des dirigeants, qu'ils soient dans la sphère monétaire ou budgétaire de la politique économique. Il faut certainement préserver le cadre rigide de la politique monétaire afin de préserver la monnaie commune. Cependant, il faut aussi entendre les termes du débat sur les politiques économiques, notamment en période de crise afin de mieux prévenir les effets de second tour et assurer ainsi la cohérence et la stabilité des trajectoires de développement. Les instances de concertation et de décisions servent en réalité à faire ce travail. Dans ce contexte, encore une fois, la disponibilité et la fiabilité des statistiques au service de l'approfondissement du volet analytique de la politique monétaire constitueraient un objectif de premier ordre.

6. Les contraintes objectives qui sous-tendent l'organisation et le fonctionnement de la Banque centrale commune

La présentation des objectifs de la Banque centrale au point précédent a permis d'appréhender la contrainte d'ordre statutaire en termes de liberté d'action. D'autres contraintes pertinentes méritent d'être soulignées, à l'instar des contraintes budgétaires, actionnariale et organisationnelle et celle non encore véritablement explicite liée à la RSE.

En ce qui concerne le budget, il convient de noter avant tout que toute organisation qui veut fonctionner de manière saine fait de l'établissement régulier d'un budget un impératif. Le budget procède de la bonne gestion. Il permet d'avoir un cadre de référence pour la gouvernance financière annuelle d'une organisation. En offrant au-delà de l'horizon annuel une visibilité sur le déploiement à travers les projets qui structurent la vision, et en permettant une analyse rigoureuse des objectifs opérationnels, le budget légitime les décisions sur l'attribution des moyens. En effet, en dehors d'un cadre structuré, les dépenses pourraient connaitre une cadence anarchique et affecter la qualité de la gouvernance de l'organisation. Un tel contexte pourrait également fragiliser l'autorité de la décision et générer des dysfonctionnements du fait de l'accumulation des incompréhensions sur la pertinence des crédits budgétaires, c'est-à-dire des ressources financières octroyées aux différentes unités opérationnelles au sein de l'organisation.

Dans le management des organisations auquel n'échappe la BEAC, le principe d'une gestion budgétaire adéquate est acquis depuis longtemps comme un solide levier de performance. Bien plus qu'une simple option managériale, il est codifié par les principes et les règles de gestion et de droit qui visent l'activité budgétaire. Pour une organisation soumise au droit, le budget est donc une norme obligatoire. Son importance est telle que le processus de son élaboration implique en principe tous les échelons de responsabilité au sein d'une entreprise, avec une autorité budgétaire qui, en fonction des modèles, est située au niveau le plus élevé. En règle générale, la décision matérialisant les plafonds d'autorisation des dépenses incombe à l'organe délibérant et les décisions d'exécution des dépenses relèvent des compétences opérationnelles. L'exercice budgétaire est si important qu'il donne lieu au moment de la reddition des comptes annuels à la rédaction d'un rapport sur l'exécution budgétaire, lequel rapport engage l'organe exécutif de l'organisation. Il en est ainsi également pour les Banques Centrales, en raison de la force du droit positif. Il y a cependant une spécificité du budget d'une Banque centrale du fait de la prééminence des objectifs de la politique monétaire sur ceux de compte d'exploitation.

Dans la mesure où le budget se décline toujours dans le rapport entre les objectifs à atteindre et les moyens à y affecter, dans une Banque centrale, l'alignement des moyens doit généralement faire avec une composante délibérément instable des ressources financières du fait des choix explicites de politique monétaire. Cette situation se produit parfois en cours d'année, ce qui ajoute à la complexité de l'exercice budgétaire. En effet, selon que l'orientation de la politique monétaire porte la Banque centrale à soutenir l'économie en crise à travers les injections de liquidité au profit des banques primaires ou qu'elle la conduise à faire l'inverse afin de maitriser une surchauffe sur les prix, les recettes budgétaires peuvent connaitre une variation significative. À cette dépendance vis-à-vis de la politique monétaire, qui apparaît dès lors comme une variable exogène du budget, une autre particularité réside dans le poids important de l'environnement économique général dont les variations les plus abruptes conduisent également à des ajustements au plan budgétaire. De ce point de vue, une Banque centrale est soumise aux mêmes contraintes que les autres entreprises sur le plan de la dépendance vis-à-vis de la conjoncture économique. C'est pourquoi, comme les autres sociétés, elle peut réaliser des bénéfices ou des pertes avec les conséquences qui sont rigoureusement les mêmes sur les fonds propres. En ce domaine, l'enjeu pour une Banque centrale comme celle de la CEMAC est double : réaliser des bénéfices pour ne pas avoir à solliciter les actionnaires que sont les six

États pour une éventuelle recapitalisation ou, pire, pour une ouverture du capital à d'autres actionnaires avec des conséquences économiques incalculables ; et préserver la capacité bénéficiaire de l'exploitation afin de ne pas dénaturer les décisions de politique monétaire en orientant à la hausse ou à la baisse des taux directeurs pour accroitre les recettes et non pour des objectifs de stabilité monétaire.

En ce qui concerne la gouvernance, la Banque centrale est un espace où la gouvernance intègre plusieurs référentiels aussi pertinents les uns que les autres pour en faire une combinaison cohérente avec des rationalités qui tantôt convergent, tantôt semblent se contredire sans perdre en équilibre. S'agissant de l'actionnariat, exclusivement constitué des États membres, l'affirmation de la stricte égalité statutaire, en termes de parts du capital, trouve parfois à lutter avec le positionnement en fonction du pouvoir non-dit du poids économique réel du pays. Ainsi, la gouvernance doit composer avec cette apparente contradiction afin de faire prévaloir le consensus sans générer de conflits ouverts qui peuvent s'avérer préjudiciables à plus d'un titre. Il arrive parfois que des responsables à quelque niveau que ce soit, doivent s'adapter en fonction du référentiel qui prédomine dans leur propre esprit. Mais en règle générale, l'état d'esprit d'ensemble est porté vers la coopération qui elle-même puise sa force dans la volonté d'union des pays membres. En tout état de cause, les organes de contrôle s'attèlent à prévenir ou à corriger les risques d'excès individuels ou collectifs susceptibles d'affecter le projet politique d'avoir une Banque centrale commune à six États, avec une gouvernance cohérente et efficace.

Le principe de collégialité dans la gouvernance a été intégré dans les dispositions statutaires afin d'améliorer la gouvernance menée par cette instance exécutive qu'est le gouvernement de la Banque centrale, en suggérant la pratique de la discussion approfondie ou le principe de l'échange d'informations et d'analyses dans le traitement des dossiers. Il appartient ainsi à chacun de s'en inspirer, quel que soit son style de management personnel, car la logique participative est celle qui prévaut. En effet, indépendamment des personnes, la logique participative prédomine dans les procédures et dans les usages de l'institution. Cette logique apparaît d'autant plus nécessaire que le champ des problématiques gérées de fait par la Banque centrale reste large en raison de la participation de six États au capital social et de la présence des représentants des États au sein des organes de décision, sans oublier celle non moins vigilante du partenaire extérieur.

Les organes sociaux de la Banque centrale relèvent du droit des sociétés en vigueur dans la Communauté économique sous-régionale auquel s'ajoutent les règles de bonnes pratiques et les usages en vigueur dans les Banques Centrales. Il s'agit là du principal référentiel de sa gouvernance. La création de la Banque des États de l'Afrique centrale étant la matérialisation d'un pacte monétaire entre les États concernés, il s'ensuit l'existence de règles spécifiques qui constituent également un référentiel à part entière dans la gouvernance de l'institution. En outre, la réglementation qu'elle génère régulièrement pour les besoins de son fonctionnement qualitatif interne ou au profit de la régulation du secteur financier figure aussi parmi les points de repère de l'action de l'organe exécutif de la BEAC, ou du moins de ses structures opérationnelles.

Le pacte monétaire est d'autant plus important à entretenir que la BEAC dispose d'un réseau d'agences implantées dans les pays membres dont la gestion relève d'un savant dosage de responsabilité entre l'autorité de supervision du siège central et le travail des responsables locaux dont le statut quelque peu ambigu les place à la fois sous l'autorité du directeur national et des services centraux, c'est-à-dire du gouvernement via le gouverneur. Dans cette configuration, l'harmonie des procédures et des pratiques à l'échelle du réseau constitue une symphonie particulièrement agréable. De même, la présence d'un directeur national proposé par l'État, avec des prérogatives réelles en accord avec les statuts contribue de manière significative à la stabilité de l'institution. Et si les éventuelles réformes monétaires devaient conduire à l'élargissement de la zone d'émission à d'autres pays de l'Afrique centrale dont tous ont chacun une Banque centrale propre, il est fort probable que le dispositif de fonctionnement, à l'instar de la Banque centrale européenne (BCE), conduise vers un système de type fédéral.

En ce qui concerne la contrainte non écrite liée à la Responsabilité sociétale (RSE) de la Banque centrale, elle renvoie à l'idée de se sentir concerné par les problématiques qui affectent les populations de son environnement et d'apporter, sous une forme ou une autre, une contribution. Cette contribution vise sinon la résolution des problèmes, du moins l'amélioration du bien-être collectif. Ceux qui définissaient jadis la Banque centrale comme « un îlot de prospérité dans un océan de misères » ont judicieusement préparé le terrain à l'implémentation d'une politique de RSE qui du reste s'applique déjà en faveur des parties prenantes internes que sont les personnels.

En effet, s'agissant de la gestion de ses ressources humaines, la Banque centrale commune se préoccupe depuis toujours des questions de santé (physique et morale), de logement, de transport, des conditions de travail, de formation continue et de prise en charge sanitaire des enfants, au-delà du simple virement des salaires. Elle intègre bien une responsabilité sociale dans le management des ressources humaines, même si elle ne formule pas exactement les choses de cette manière. L'enjeu RSE qui reste véritablement à déchiffrer est celui qui permettrait de dépasser le cadre restreint de son personnel pour faire bénéficier de sa bienveillance aux populations des pays membres dans le cadre de projets collectifs au-delà de ses missions statutaires d'émission et de stabilisation monétaire.

Les populations qui ne sont pas dans les subtilités du système financier voudraient que la Banque centrale fasse du développement, ou du moins qu'elle l'accélère de manière visible. Comme il ne s'agit pas de distribuer de l'argent à chacun, les populations semblent vouloir ressentir et vivre la prospérité dans leur société. Dès lors, comment procéder pour donner un contenu satisfaisant à la RSE ? Est-ce en remplissant parfaitement l'objectif de stabilité monétaire en vue de prévenir l'érosion du pouvoir d'achat des populations, ou bien en complétant ce noble objectif par des actions financières concrètes au service de la cause sociale ? Il me semble que les deux interventions sont nécessaires afin d'assumer une véritable RSE de la Banque centrale au profit des populations. Cependant, le champ de la demande en ce domaine est si vaste qu'il est difficile de savoir par où commencer. Il y a bien entendu les dons et subventions destinés aux associations présentant un intérêt pour les populations. Mais peut-être qu'à cela, il faudrait ajouter un fonds à but lucratif dont les ressources à calibrer par pays seraient allouées en soutien aux entreprises dynamiques ou pour créer davantage de richesses dans les secteurs stratégiques des économies des pays de la sous-région.

CHAPITRE IX.

La place de l'éducation dans le processus de développement

1 Éducation et développement

L'éducation est définie à juste titre comme la véritable clé qui permet à un peuple d'accéder au développement économique et social. L'être humain, dans ses paroles, ses actes et dans ses pensées est le produit de quelque chose qui renvoie à son éducation. Cette situation explique le fait que les programmes de développement sérieux comportent un volet relatif à l'éducation.

L'éducation est une activité fondamentale, et sa place dans le développement d'un pays n'est plus à démontrer. Son action vise à former des consciences et à préparer les citoyens à la vie active. Au-delà de la diversité des enseignements qu'elle propose, l'éducation développe la confiance en soi. Elle engage les individus vers un désir de faire, en comptant sur la dose de confiance que laissent supposer leurs années d'apprentissage. L'éducation, notamment celle offerte par l'école, transforme et ouvre de nombreuses perspectives.

À titre d'illustration, les programmes de développement rural initiés par certains organismes à travers le monde ont de tout temps pris appui sur l'éducation. Il s'agit généralement d'apprendre aux jeunes filles, premières victimes des abus de toute sorte liés à l'ignorance, à lire et à écrire. En développant davantage leur esprit critique, elles éprouvent ensuite le désir de se prendre en charge car leur regard sur elles-mêmes a changé, et parfois, leur jugement sur la société aussi. C'est pourquoi, dans ces zones rurales, l'école est également perçue par les gardiens de certaines traditions comme une contestation fondamentale de l'ordre établi et de leurs cultures. L'enjeu ici est que l'école et le savoir qu'elle dispense libèrent. Si l'apport de l'enseignement de base peut être aussi visible, il en est de même pour les formations plus avancées qui ouvrent l'esprit sur le monde et sur les réalités de notre époque. Dans cet esprit, le système éducatif devrait pouvoir se réformer en profondeur pour ne pas former seulement les amoureux du verbe mais aussi donner de vraies aptitudes professionnelles. Certains pays émergents ont su, par des programmes de formations spécialisées et particulièrement avancées, attirer nombre de sociétés internationales en quête de délocalisation des sites de production.

Chaque pays, quel que soit son niveau de développement économique et social, parle de réformes dans ce domaine. Et la réforme de l'enseignement est une vaste problématique tant en ce qui concerne le contenu même des enseignements que le nombre considérable des acteurs impliqués sur toute la chaine suivant le niveau d'enseignement visé sans oublier la question spécifique des moyens, notamment humains et financiers à mobiliser afin d'obtenir des résultats tangibles. La question de la réforme de l'enseignement peut être abordée suivant plusieurs angles, aussi pertinents les uns que les autres. Mais la question fondamentale qu'il conviendrait de se poser est celle de savoir quel type de personnes adultes le pays voudrait avoir. Ceci est déterminant pour la question du contenu des enseignements car l'enseignement transmet des valeurs. À ce titre, l'enseignement éduque, conditionne, oriente et donne à l'être humain les moyens nécessaires pour comprendre, analyser et agir. C'est en cela que l'enseignement apporte des lumières qui éclairent l'esprit humain suggérant la métaphore d'une clé qui ouvre des portes de la vie.

Le concept de l'éducation nationale est utilisé à juste titre pour manifester la grandeur ou l'immensité de la tâche confiée à certains commis de l'État en vue de mettre en œuvre la politique publique en ce domaine. Il s'agit véritablement d'éduquer une population, c'est-à-dire de la mettre en position d'être par l'esprit ou les valeurs et par les comportements ou les actes concrets du quotidien, en phase avec la nation. Concrètement, l'enjeu consiste à organiser l'adhésion des citoyens au récit national comme pour mieux enraciner les valeurs enseignées et pour donner davantage aux enfants et aux adultes les raisons d'être fiers de leurs aïeux. Ainsi, ils en seront dignes tant pour relever les défis du présent que pour se projeter avec optimisme dans l'avenir.

L'école facilite la transmission des valeurs et renforce l'éducation familiale reçue par les enfants lorsque le confort social dans le milieu familial le permet. L'école supplée aussi la famille en armant de valeurs solides les enfants issus de milieux sociaux défavorisés dont elle peut être une véritable source d'épanouissement et un pas décisif sur les marches de l'escalier social. D'ailleurs, dans l'imaginaire collectif, l'histoire des enfants issus de milieux vulnérables qui gravissent des sommets de la société demeure encore et souvent une belle histoire de l'école. Elle signifie que l'éducation élève intérieurement et socialement. Elle vante autant le mérite individuel que celui de l'État et de la République. Mais, bien entendu, ceci n'a de sens que si l'État a su organiser l'espace public pour que l'insertion par le travail reste possible. D'où l'intérêt d'étendre la réflexion sur l'enseignement à l'environnement socio-économique qui a vocation à absorber « les produits » de l'enseignement. Cet aspect de la problématique renvoie également au contenu de l'enseignement qui doit se réformer régulièrement afin de concilier l'éducation sur les valeurs communes, c'est-à-dire l'appropriation de la culture et la maitrise des aptitudes et des savoirs qui rendent les personnes formées compétitives et opérationnelles sur le marché du travail.

En termes de valeurs communiquées par l'école, on peut en dénombrer deux qui apparaissent particulièrement importantes tant sur le plan personnel que concernant l'interaction avec les autres en société : le respect et le mérite.

2. L'école et la notion de respect

L'école est par excellence un lieu de socialisation. Pour chaque enfant, la rencontre avec l'école, c'est la rencontre avec les autres qui sont les autres élèves, les éducateurs et tous les autres qui relèvent de l'imaginaire alimenté par la lecture des livres. L'endroit permet d'entrer en relation avec autrui. Certains enfants tissent des liens très forts de camaraderie et d'amitié qui parfois perdurent au-delà de l'école et même toute la vie. D'autres, éblouis par la perspicacité et la maitrise affichées par les éducateurs dans la salle de classe, voudront leur ressembler. Car ils sont manifestement admiratifs devant cette intense compétence qui s'exprime par la voix, le geste et l'autorité que donne le savoir ou l'expérience de sa transmission. En ces moments de bonheur, les enfants se glissent dans un silence de cathédrale. Ils regardent et écoutent attentivement pour ouvrir l'esprit au savoir. Et pourtant, le maitre, qui est aussi un être humain malgré l'étendue de ses connaissances impressionnantes pour les enfants de cet âge, apparaît devant eux avec ses forces et ses faiblesses. Il donne à la classe ce qu'il a de meilleur et laisse transparaitre de temps en temps quelques défauts : l'impatience, la colère et parfois la timidité qu'il cache malicieusement dans une éloquence remarquable ou un caractère très enjoué.

Donc, les éducateurs sont aussi des hommes et des femmes comme tout le monde, mais en général, ils savent se surpasser pour offrir le meilleur d'eux-mêmes. C'est une marque de respect vis-à-vis de leur noble métier et pour les élèves qui à leur tour les respectent encore plus.

D'autres enfants encore s'extasient devant la découverte des livres et des leçons qu'ils contiennent. C'est le cas avec les livres de lecture qui transportent d'une histoire à une autre, d'un lieu à un autre, avec des personnages auxquels on voudrait parfois s'identifier. Pour les enfants en effet, les héros et les génies sont dans les livres, et leurs histoires nous parlent comme dans les films tant elles sont des morceaux choisis de la vie, particulièrement fantastiques pour les enfants de l'école primaire. Que l'école est belle lorsqu'elle fait rêver et qu'elle ouvre dans l'esprit les sentiers de l'imaginaire qui donnent à l'enfant une sorte d'ubiquité. Il apprend à voir la force de l'esprit, et ainsi commence lentement sa marche vers l'abstraction. Dans une salle de classe dans le « bled » le plus reculé, le cours de lecture parle de trains, d'avions, de larges avenues de grandes métropoles. À cet instant, l'enfant comprend que le livre est un instrument puissant qui le conduira certainement plus loin.

Dans ces relations qui se nouent dans les salles de classe et dans les cours de récréation entre les élèves et leurs éducateurs et entre les élèves, il y a certes l'innocence de l'enfance qui découvre les savoirs et s'extasie devant le bonheur de la vie, mais il y a aussi la règle indicible du respect mutuel et du respect de soi. Mais il arrive parfois que l'innocence de l'enfant et la sérénité de la classe soient perturbées par l'irruption du jeu des classes sociales dans la classe à travers les noms, les tenues vestimentaires quand ils ne sont pas uniformes et l'avance initiale visible dans les savoirs des uns par rapport aux autres. Il faut encore que le maitre déploie un trésor d'ingéniosité pour ne pas rompre le respect et l'égalité.

Quant au respect qui apparaît cardinal dans cette équation de l'apprentissage, l'écolier l'intériorise aussi à travers les règles d'hygiène dans la salle de classe et dans la cour de l'école. Cela se voit aussi à travers la propreté de son corps et de sa tenue, ce qui implique nécessairement l'intervention en amont des parents. Les règles de politesse des uns à l'endroit des autres et la discipline qui caractérisent le fonctionnement de la classe participent également du respect. En salle de classe, il faut de la tenue pour la prise de parole, pour poser une question ou pour y répondre, de la tenue pour écouter, pour se lever et pour s'asseoir à l'entrée du maitre et, vraisemblablement, de la tenue aussi pour travailler et jouer ensemble.

3. L'école et la notion de mérite

À l'école, l'enfant fait l'apprentissage de la notion de mérite. Il apprend à mériter une note au cours d'une composition ; il apprend à mériter son classement en fonction de ses efforts ; il apprend la notion de récompense. L'éducation lui apparaît alors très ordonnée et cohérente dans ses principes et dans son mode de fonctionnement. On y trouve ceux qui apprennent aux autres à gravir les paliers du savoir et dont c'est le métier, pour ne pas dire la raison d'être. Naturellement, il y a aussi les enfants qui jouent le jeu de l'apprentissage, s'investissent et acceptent la compétition qui leur permet de recevoir des leçons et des notes qui contrôlent l'acquisition de celles-ci.

Il est probable que les aptitudes de départ ne soient pas réparties de manière égale chez les enfants venus d'horizons divers et façonnés par des environnements familiaux différents. Cependant, l'investissement individuel conduit chacun à trouver sa juste place. Des premières places très prisées pour l'espèce de gloire éphémère qu'elles procurent aux yeux des autres, aux places plus enfouies du bas du classement qui signent une vaillance engourdie, sans oublier les places moyennes des résistants, l'enfant apprend à regarder dans le miroir collectif pour se situer. Il voit sa place et décide d'en faire un instrument de motivation pour se surpasser. Mais comme le jugement des enfants est souvent sans appel, la distribution du respect et parfois de l'amitié s'aligne souvent sur les résultats.

Les règles modernes de l'éducation sous le regard des psychologues demandent de rendre moins impératif le classement et d'user de discrétion afin de ne pas saper la confiance des plus lents à l'assimilation de l'information. Ainsi, il n'y a pratiquement plus de proclamation publique et spectaculaire des résultats de chaque classe scolaire dans l'établissement. Alors que cet exercice stimulait jadis l'émulation, il apparaît aujourd'hui comme un contresens de l'éducation. Il y a désormais une moyenne générale pour la classe à la fois pour donner un repère à tous, ce qui est positif, et peut-être aussi pour atténuer le chagrin de ceux qui peinent à suivre pour une raison ou une autre.

Comme dans les autres secteurs de la société moderne, l'école respecte et intègre les émotions des enfants. À l'aune de toutes les règles écrites et non écrites de gestion de la classe, le mérite est manifeste, et son acceptation par tous est parfaitement intégrée. Mais l'intelligence du système éducatif est telle que le classement n'est jamais figé. Rares sont les meilleurs qui dominent dans toutes les matières enseignées, et ce, du premier au dernier jour de l'année scolaire. La panoplie de l'intelligence des enfants, ou simplement de l'intelligence humaine, fait que chaque enfant trouve le moyen de se distinguer en fonction de la diversité des matières.

4. L'école et la question économique et sociale de l'emploi

L'éducation est donc utile pour le développement dans la mesure où elle facilite l'acquisition des aptitudes et, dans notre environnement particulier de pays en développement, elle aide à reconstruire la notion de confiance des individus.

En économie, faire porter l'effort de développement sur l'éducation revient tout simplement à renforcer l'apport du capital humain. L'intérêt de cette démarche est encore plus visible dans le cadre de la théorie de la croissance endogène où la formation, le savoir-faire, bref la ressource humaine dans le pays tient une place fondamentale. On a coutume de dire que la première richesse d'une société est la qualité de ses ressources humaines. En réalité, l'être humain peut agir avec une extraordinaire lucidité quant à son apport dans la société, de même qu'il peut, à l'inverse, agir très différemment. L'éducation, dans sa globalité, c'est-à-dire qu'elle soit scolaire, religieuse ou autre, permet de poser des repères indispensables pour l'action en société.

Dans les pays industrialisés, plusieurs comportements permettent de bien lire la place de l'homme dans le développement. Ainsi, des jeunes gens, *golden boys*... sont rémunérés à des niveaux jugés indécents par le reste de la société parce qu'ils détiendraient des compétences exceptionnelles dans le système des marchés financiers ; beaucoup de personnes, cadres ou non, généralement âgées, sont licenciées par millier parce que le système de production de leurs entreprises a évolué ; plusieurs centaines de jeunes, souvent diplômés, ne trouvent pas d'emplois parce que la tendance générale de l'économie n'inspire pas confiance aux décideurs dans les entreprises, ou parce que leur formation ne paraît pas adaptée aux besoins du marché. L'ensemble de ces phénomènes laisse apparaître que le système économique accorde une valeur à chaque individu, ou à ce qu'il représente dans le processus de production. Et en fonction de l'idée que l'on se fait de sa capacité à participer à la création de richesse, une rémunération financière ou symbolique lui est accordée. À partir du rôle de la rareté dans la définition de la notion de bien économique, on en est arrivé, dans une certaine mesure, à traiter les personnes actives en fonction de la rareté de leurs compétences. C'est aussi ce raisonnement qui a conduit à la constitution des élites dans les différents domaines de l'activité en société. Donc, l'éducation aide à trouver sa place dans la société pourvu que le développement économique et le progrès social le permettent.

Conclusion

Un sage a dit : « Nul ne connait l'histoire de la prochaine aurore ». Il est difficile d'expliquer clairement la pensée du sage. Il est cependant possible de constater qu'entre aujourd'hui et demain, il y a la nuit, avec ses nombreux mystères mais aussi avec ses précieux conseils et ses éclairs dans l'esprit des êtres humains éveillés ou endormis. L'aurore qui annonce le soleil (pour le développement en l'espèce) renferme une atmosphère particulière qui tantôt prolonge le sommeil et apporte de doux rêves et tantôt pousse à sortir du lit et donne la force d'aller vers le travail. Il en va ainsi des cycles économiques qui eux aussi ont leur jour et leur nuit, leur phase de croissance et leur période de récession, et qui traversent les économies du monde entier et conditionnent en partie la réussite ou l'échec des nombreux programmes de développement économique et social mis en place dans les pays en développement.

Sur la route du développement, le point de départ et d'arrivée demeure invariablement l'être humain. En effet, selon qu'il s'élève à son meilleur niveau pour apprendre de ses erreurs, de son histoire et de l'expérience des autres ou au contraire, qu'il considère confusément son sort pour concevoir de manière aléatoire les menaces et les opportunités de l'économie ainsi que le progrès social, l'être humain réussira à insuffler ou pas l'énergie nécessaire au développement économique. Car partout où les pays se sont développés, l'effort de l'homme n'a jamais fait défaut. À l'aune du niveau de développement dans le monde, il n'y a pas d'un côté les besogneux et de l'autre les paresseux, mais c'est la manière d'orienter l'effort et de le faire correspondre à un projet concret de progrès individuel ou collectif qui encourage ou ralentit l'essor économique des nations.

Le développement économique et le progrès social qu'il génère sont, à des degrés divers et avec des nuances individuelles plus ou moins fortes dans les sociétés, des fruits délicieux. Donc, oui au développement, mais en fait, où nous mène-t-il ? Sans doute vers les réalités contemporaines des pays actuellement avancés qui suscitent souvent de l'admiration et parfois des doutes tant le chemin vers le bonheur individuel paraît étroit pour tout le monde. Sans doute aussi que le développement, avec des ajustements et des corrections de l'intelligence collective de notre époque, peut conduire vers un autre monde, plus coopératif et plus inclusif, et vers des sociétés plus heureuses.

Les peuples et leurs dirigeants courent vers le développement dans un monde qui lui-même semble courir sans arrêt, parfois sans trop bien savoir où il va, en créant perpétuellement des réalités économiques et sociales qui font et défont les économies elles-mêmes et des pans entiers des territoires et des vies dans la société. Dans cette marche en avant, il y a manifestement ceux qui ont appris à courir au même rythme que le temps et savent faire feu de tout bois pour réussir des réalisations d'ampleur. Mais il y a aussi tous les autres qui se cherchent encore une cadence et une manière de dialoguer avec le temps afin de produire efficacement des richesses, sans peut-être se perdre dans le changement perpétuel des choses : l'économie, les valeurs et les théories, les systèmes de production, les indicateurs de richesse et bientôt le sens même de la vie en société ou de la vie elle-même. C'est pourquoi le développement économique doit conduire au progrès social pour être une source de motivation et d'épanouissement tant individuel que collectif.

Les approches de la question du développement en Afrique subsaharienne, à travers les politiques économiques librement choisies, les prescriptions occasionnelles des partenaires au développement et les échecs enregistrés, ont nourri un débat particulièrement abondant qui aujourd'hui ouvre le champ pour un possible changement de paradigme. La complexité croissante des problématiques économiques et sociales, dans un monde dont l'ingéniosité technique offre paradoxalement des possibilités de simplification des difficultés, voire de raccourci vers les solutions souhaitées inscrit le développement dans une nouvelle phase. Cependant, pour commencer à gagner des batailles du développement qui recouvrent plusieurs secteurs, l'analyse critique des programmes et des valeurs à partir desquels un pays en développement pense, bâtit sa stratégie et agit, s'impose. Effectivement, qu'il s'agisse du système financier, du nombre et de la robustesse des entreprises du secteur réel, de la coopération internationale, des alliances économiques et de la question de l'éducation, la prise de recul et la quête de l'excellence sont indispensables. Qu'il s'agisse encore d'adapter la machine économique pour rendre le pays en développement moins dépendant de la conjoncture sur les marchés mondiaux de matières premières ; ou qu'il s'agisse de fabriquer les outils juridiques et institutionnels de la cohésion interne à l'échelle du pays ou dans un espace économique plus large, la lucidité et la clairvoyance sont les meilleures alliées de l'efficacité.

La grande bataille de notre temps en effet se situe sur le champ des idées. Dans le domaine du développement, entendu comme progrès social ou libération de l'être humain de la pauvreté matérielle et morale, la vision et les valeurs qui la sous-tendent sont un préalable indispensable pour agir dans le bon rythme, dans les domaines utiles et dans le moment approprié. Plus que l'importation massive des biens que l'économie et les industries locales ne produisent pas encore, l'appauvrissement durable du pays en développement, au-delà des pertes d'argent, se situe bien souvent dans la consommation abusive et sans nuance des idées et des concepts de développement qu'il n'a pas réussi à produire par lui-même. Le développement n'est pas seulement une affaire de planification économique opérationnelle. Pour chaque pays, il est toujours précédé d'une ambition structurante, une analyse claire des objectifs dans les différents secteurs significatifs, et un nécessaire approfondissement dans la lecture de ce que sont réellement les atouts du pays. Le reste, c'est-à-dire l'organisation des institutions économiques, les hommes et les technologies ainsi que les capitaux pour créer ou stimuler la production, finit généralement par suivre.

Table des matières

Structures éditoriales du groupe L'Harmattan

L'Harmattan Italie
Via degli Artisti, 15
10124 Torino
harmattan.italia@gmail.com

L'Harmattan Hongrie
Kossuth l. u. 14-16.
1053 Budapest
harmattan@harmattan.hu

L'Harmattan Sénégal
10 VDN en face Mermoz
BP 45034 Dakar-Fann
senharmattan@gmail.com

L'Harmattan Cameroun
TSINGA/FECAFOOT
BP 11486 Yaoundé
inkoukam@gmail.com

L'Harmattan Burkina Faso
Achille Somé – tengnule@hotmail.fr

L'Harmattan Guinée
Almamya, rue KA 028 OKB Agency
BP 3470 Conakry
harmattanguinee@yahoo.fr

L'Harmattan RDC
185, avenue Nyangwe
Commune de Lingwala – Kinshasa
matangilamusadila@yahoo.fr

L'Harmattan Congo
219, avenue Nelson Mandela
BP 2874 Brazzaville
harmattan.congo@yahoo.fr

L'Harmattan Mali
ACI 2000 - Immeuble Mgr Jean Marie Cisse
Bureau 10
BP 145 Bamako-Mali
mali@harmattan.fr

L'Harmattan Togo
Djidjole – Lomé
Maison Amela
face EPP BATOME
ddamela@aol.com

L'Harmattan Côte d'Ivoire
Résidence Karl – Cité des Arts
Abidjan-Cocody
03 BP 1588 Abidjan
espace_harmattan.ci@hotmail.fr

Nos librairies en France

Librairie internationale
16, rue des Écoles
75005 Paris
librairie.internationale@harmattan.fr
01 40 46 79 11
www.librairieharmattan.com

Librairie des savoirs
21, rue des Écoles
75005 Paris
librairie.sh@harmattan.fr
01 46 34 13 71
www.librairieharmattansh.com

Librairie Le Lucernaire
53, rue Notre-Dame-des-Champs
75006 Paris
librairie@lucernaire.fr
01 42 22 67 13

www.ingramcontent.com/pod-product-compliance
Lightning Source LLC
LaVergne TN
LVHW021233061026
849535LV00008B/3046